職司委吏
孔子既長嘗為季氏
委吏料量平盖孟子
所謂委吏而會計當
也

觀象知雨

孔子行命弟子持雨具已而果雨弟子問曰何以知之子曰詩不云乎月離于畢俾滂沱矣昨暮月不宿畢乎是以知之

孔子言於定公曰家
不藏甲大夫無百雉
之城今三家過制請
損之公曰然於是隳
三都焉

孔子葬魯城北泗水弟子皆服心喪三年喪畢相揖而哭各盡其哀惟子貢廬於冢上凡六年然後去弟子及魯人往從冢上而家者百有餘家

SOMMAIRE

Ouverture
Scènes de la vie de Confucius, telles que la légende les a fixées aux XVe et XVIe siècles.

12
Chapitre 1
L'ÉPOQUE DE CONFUCIUS
Confucius voit le jour en 551 av. J.-C. La dynastie des Zhou règne sur la Chine, mais son pouvoir commence à s'épuiser. En cette époque « des Printemps et des Automnes » qui correspond à l'âge du Fer, les régions se développent, affirmant leur indépendance.

26
Chapitre 2
LA TRAME D'UNE VIE
Aucune trace archéologique de Confucius ne subsiste. En revanche, de très nombreux textes mettent en scène le premier penseur chinois de sa naissance à sa mort. Désespéré par la conduite des princes de son temps, il se consacre à l'enseignement.

42
Chapitre 3
DES MOTS EN ACTION
C'est dans les « Entretiens » (*Lunyu*), un texte compilé par les élèves de ses disciples, que l'on suit, comme si on l'écoutait, l'enseignement de Confucius. On y croit entendre la voix du Maître, répondant aux questions.

56
Chapitre 4
DE MÉMOIRE EN ADAPTATION
À partir de l'époque des Han, après une période très difficile, les idées de Confucius servent de fondement à l'élaboration des principes régissant l'État. Les lettrés arrivent au pouvoir. Taoïsme et bientôt bouddhisme rivalisent d'influence avec le confucianisme, ce qui aboutit au syncrétisme du néo-confucianisme.

82
Chapitre 5
LES RISQUES DU SUCCÈS
Tantôt triomphant, tantôt rejeté, toujours adapté et enrichi d'apports divers depuis un millénaire, le confucianisme retrouve un rôle de première importance dans l'ensemble de l'Asie orientale, et même en Occident.

97
Témoignages et documents

CONFUCIUS
DES MOTS EN ACTION

Danielle Elisseeff

DÉCOUVERTES GALLIMARD
RÉUNION DES MUSÉES NATIONAUX
RELIGIONS

Quand les Européens, à la fin du XVIe siècle, s'efforcent d'entrer en Chine, ils découvrent une administration dont ils admirent l'efficacité parfois redoutable. D'abord surpris, ils en pénètrent peu à peu le mécanisme : les gestionnaires de cet immense empire, tous coulés au moule, appliquent les principes d'un sage, figure d'un lointain passé. Les Chinois le nomment Kongzi, ou Kong fuzi, le « maître Kong ». Nous l'appelons Confucius.

CHAPITRE 1

L'ÉPOQUE DE CONFUCIUS

Depuis plus de deux millénaires, la légende représente Confucius doté d'une haute stature – qu'évoque cette sculpture contemporaine – et d'un esprit de sérieux appliqué à toute chose, donnant à ses actes une constante valeur d'exemple. Sa plus grande passion allait à la musique rituelle (ci-contre, une cloche de l'époque « des Printemps et des Automnes »).

Histoires du pays de Lu

Confucius vit le jour, dit-on, en 551 avant notre ère, non loin de la ville de Qufu, située dans la province du Shandong. Les historiens chinois, depuis plus de deux mille ans, parlent de ce temps très ancien en disant qu'il fut celui « des Printemps et des Automnes » (*Chunqiu*). Ils font ainsi référence au titre d'une chronique racontant ce qui advint, entre 722 et 481 avant notre ère selon notre comput, précisément en cette région que l'on nommait alors le pays de Lu.

C'était une petite principauté, entre le fleuve Jaune et la Huai – une voie fluviale qui traverse la grande Plaine centrale en sa médiane et dont le cours délimite traditionnellement deux Chines, celle du Nord et celle du Sud. Le pays de Lu s'étendait tout en longueur – depuis la mer, selon un axe grossièrement est-ouest –, bordé sur son interminable frontière septentrionale par un voisin, unique, puissant et souvent inamical : la principauté de Qi, qui, elle, englobait un très vaste ensemble, de la péninsule montagneuse du Shandong aux terres basses du delta du fleuve Jaune.

Cette chronique faisant entrer le pays de Lu, et les ducs qui le gouvernèrent, dans l'Histoire se compose d'une liste événementielle des plus sèches. Mais elle se pare de deux qualités : elle demeura pendant des siècles la seule dont les érudits eurent connaissance ; et elle rapporte des faits advenus dans le pays natal de Confucius. Il n'en fallait pas davantage pour que Mengzi – Mencius en latin –, un célèbre penseur du IVe siècle avant notre ère, en attribuât la composition au grand homme. Nul ne pourra sans doute jamais

Les transformations qui affectèrent la Chine à l'époque « des Printemps et des Automnes » se lisent dans la diversité de ses bronzes, en rupture avec ceux des siècles précédents : le décor tapissant envahit le corps d'objets aux formes fonctionnelles, complétées de représentations zoomorphes pleines de vie. Ci-dessous, ce récipient en forme de char, trouvé loin dans l'ouest de la Chine, peut réellement rouler.

trancher sur ce point, mais le débat n'a plus d'importance. Seul compte le document : il donne quelque idée de ce qui se passait au Lu à l'époque où le Sage y vécut.

Vivre en Chine au VIe siècle avant notre ère

Historiens et archéologues donnent aujourd'hui à ces âges des contours matériels plus précis. Les métallurgistes savent travailler le fer, mais les plus beaux objets – servant aux banquets offerts aux âmes des ancêtres – sont coulés dans le bronze, selon une pratique et des rituels respectés depuis plus d'un millénaire. Les amateurs reconnaissent entre mille ces vases « des Printemps et des Automnes » : sur la panse, leurs décors en léger relief s'enroulent en volutes rubanées et savants entrelacs, tandis que les anses forment, en ronde bosse, des dragons et des créatures fabuleuses aux corps pulsatiles.

La plaine deltaïque, recouverte des alluvions du fleuve Jaune au point de boucher parfois son accès à la mer, s'étend à perte de vue (en haut, une vue de plaine au Shandong dans le pays de Lu). La montagne et la forêt animent l'horizon ; les sources vives abondent. À côté des cultures, de vastes espaces étaient autrefois laissés en prairies pour élever des chevaux.

La dynastie des Zhou règne sur la Chine du fleuve Jaune. Ses rois ont pris, vers 1050 avant notre ère, le pouvoir des mains affaiblies des souverains Shang (vers 1800-1046 av. J.-C.), leurs prédécesseurs. La nouvelle dynastie, vertueuse, courageuse, choisit à l'époque d'installer sa capitale sur les marches, dans la vallée de la Wei, à l'ouest de la boucle du fleuve Jaune. Elle affirme ainsi la puissance de ses villes murées, de ses rites, de son écriture, de son agriculture – tout ce qui fait la civilisation (*wen*) – face à l'agitation de peuples vivant encore plus à l'ouest, et que les Zhou jugent retardés, instables, périphériques et voleurs.

Sous les Shang, les devins pratiquaient les oracles en provoquant, à l'aide d'un tison, des craquelures sur des os de bœuf, de cerf, ou sur des carapaces et des plastrons de tortue (ci-contre). Leur travail consistait à interpréter ces craquelures. Les os et les écailles étaient, après divination, annotés et conservés pour constituer des archives. Sous les Zhou, la pratique évolue et se diversifie : les devins lancent des brindilles d'achillée et observent les figures formées lorsque celles-ci retombent.

La situation cependant se dégrade au fil des générations, tandis que la capacité militaire (*wu*) des souverains s'épuise. Ils tiennent quatre cents ans, puis replient leur domaine de vie vers le bassin moyen du fleuve Jaune, quelque six cents kilomètres plus à l'intérieur de la zone « civilisée ». Est-ce désintérêt ou sagesse ? Ils ne prétendent plus régler directement le sort de l'ensemble des pays « sous le ciel » (*tianxia*). Ils laissent les régions se développer à leur guise, pourvu qu'elles continuent à respecter les princes auxquels le roi confie les administrations régionales, non sans leur avoir inculqué les principes du bon gouvernement, exprimés par les rites (*li*). Ces derniers codifient d'une façon très précise les comportements des uns et des autres, tant vis-à-vis des contemporains que des ancêtres.

Un monde de plus en plus compliqué

À mesure que le temps passe, pourtant, les liens se distendent entre les régions et la capitale, de même qu'entre les sujets et les souverains ou leurs représentants. Dans l'espace laissé libre – entre peuple et pouvoir – se glissent des hommes aux talents nouveaux. Certains d'entre eux sont liés à l'ancienne famille régnante des Shang, d'autres à des serviteurs de la cour, ou encore à l'actuelle mouvance des Zhou. Mais ils n'appartiennent ni à l'aristocratie en place, ni à la prestigieuse classe des devins qui, pendant des siècles, ont fait la pluie et le beau temps car ils détenaient seuls une forme de savoir inégalé : ils avaient inventé une manière rationnelle de communiquer avec les morts, ainsi que l'écriture qui permettait d'en consigner la mémoire sous forme d'archives.

En ces temps incertains, les armes de bronze (ci-dessus) et les murailles des villes (ci-dessous, photo du XIXe siècle) protègent les rouages du pouvoir. Jusqu'au XXe siècle, on continua à bâtir de telles enceintes faites d'un épais mur en terre damée, revêtu de parements en pierre et en brique.

La formation de cette nouvelle élite relève d'une autre nature. Depuis leur enfance, ils étudient ce qui deviendra les « six arts » (*liu shu*) : les rituels, la musique, le tir à l'arc, la conduite des voitures – notamment dans le cadre compétitif de la course de chars –, la calligraphie et le calcul. Ils assurent savoir tout faire : gérer, administrer, soigner et même se battre ; cependant leur prédilection va aux affaires civiles. On les nomme les *shi*. Le pouvoir les apprécie et les recrute pour leurs seuls talents, sans se préoccuper de leur filiation ; dans les faits,

La musique rituelle antique – apte à faire régner l'harmonie entre le monde et toutes les créatures qui l'habitent et pour cela le plus important des arts selon Confucius – joue des rythmes et de l'équilibre entre les carillons, les lithophones et les divers tambours, grands et petits. Les cloches, graves ou cristallines, généralement sans battant, sont frappées à l'aide de maillets, tout comme les pierres musicales suspendues par ordre de taille (ci-contre, au registre inférieur du décor d'un vase en bronze [détail]). En variant le poids des maillets, leur matière et le point d'impact sur la cloche ou la pierre, les musiciens peuvent obtenir des sons extrêmement nuancés, à telle enseigne qu'il est même possible d'y jouer des airs d'aujourd'hui.

cela revient à les tenir hors de la hiérarchie reconnue, les privant, par là même, de toute considération. Si bien que ces hommes compétents, recherchés, mais traités avec un certain mépris, tendent à devenir contestataires. Trop souvent, en effet, ils n'exercent que des fonctions occasionnelles, soumises au bon vouloir de princes corrompus et versatiles.

Les hommes nouveaux servent néanmoins leurs maîtres, en serrant les dents, au nom du respect de principe porté aux descendants et rejetons de la dynastie royale. Ils savent aussi que nul gouvernement ne pourra bientôt se passer d'eux car la société devient chaque jour plus complexe. Ainsi les *shi* se situent déjà clairement au-dessus du peuple laborieux, des paysans, des artisans, des petits marchands. Les *shi* sont les ancêtres des *ru*, ceux que nous nommons les « lettrés ». Confucius est l'un des leurs.

Confucius, un homme en creux

C'est l'un de ces paradoxes dont l'Histoire est coutumière : de cet homme qui, depuis deux mille cinq cents ans et plus, symbolise une certaine façon d'être chinois, on ne connaît rien de tangible, ni même rien de vraisemblable. Aucun vestige matériel, sauf une tombe qu'il vaudrait mieux appeler cénotaphe, une trace d'ADN – une famille,

L'un des arts dans lesquels doit exceller un homme éduqué est la conduite des chars (ci-dessus, décor d'une brique ornementale). Cet exercice fait appel à des talents multiples : sens du mouvement, compétence technique et capacité à communiquer avec un animal. Le char apparaît en Chine sous les Shang (âge du bronze). Dès le XIIIe siècle av. J.-C., de très nombreux spécimens sont déposés dans les tombes de souverains et de dignitaires. Le nombre et la qualité des voitures à un, deux ou quatre chevaux, et pourvues ou non d'un cocher – hommes et animaux étant sacrifiés lors de l'inhumation du maître, mais à l'époque de Confucius, les sacrifices humains, en théorie, sont condamnés –, marquent avec précision le rang du défunt.

toujours présente, et qui s'honore de descendre de lui – et quelques textes dont nul n'est très sûr.

La tradition saluait jadis en Confucius le rédacteur des six livres fondateurs de la pensée chinoise : le *Shijing* (le « Livre des Poésies »), le *Shujing* (le « Livre des Documents historiques »), le *Liji* (le « Traité des Rites »), le *Yuejing* (le « Livre de la Musique »), le *Chunqiu* (les « Annales des Printemps et des Automnes ») et le *Yijing* (le « Livre des Mutations »).

On le plaçait ainsi à l'origine des comportements qui en découlent, enseignés dans les écoles de l'empire depuis la fin du IIe siècle avant notre ère. Cependant ces textes remontent, dans leur version initiale aux contours imprécis, à un temps bien antérieur. Confucius lui-même déclare plus d'une fois ne pas les avoir rédigés, mais y apporter simplement un peu d'ordre, les débarrassant des extrapolations, des erreurs de copie et des interprétations erronées accumulées au fil des générations. Ces querelles importent-elles aujourd'hui ? Confucius incarne celui par qui une pensée antique, de tradition orale, s'est fixée définitivement dans l'écrit.

Les milieux savants lui attribuent aussi, depuis plus de vingt siècles, des propos incertains, notés par ses disciples, ou plus vraisemblablement par les disciples de ses disciples : une sorte de longue tradition orale devenue écrite seulement plusieurs générations après sa mort. Au Ier siècle avant notre ère, le texte de ces « Entretiens » *(Lunyu)* comportait déjà trois versions différentes ! Cependant, un consensus s'est établi aujourd'hui sur l'antiquité et l'authenticité relative des neuf premiers livres (sur un ensemble qui

Les parois des tombes des Han occidentaux (IIe siècle av. J.-C.) fourmillent de scènes empruntées à la légende dorée de Confucius, devenu la référence morale et intellectuelle du régime impérial. De belles narrations courent sur de grandes briques creuses au décor modelé ou sur des pierres, sculptées en aplats ou incisées. Les unes comme les autres se prêtent aux estampages. Lorsque ces derniers sont pratiqués par de grands maîtres de l'encre, ils peuvent à leur tour constituer des œuvres d'art. Dans la file des disciples représentés sur cet estampage d'un bas-relief Han, seul Zilu est clairement identifié par les deux caractères de son nom dans un cartouche.

en comporte vingt). C'est donc ici qu'il faut aller chercher l'ombre du philosophe, confronté aux personnalités diverses de ses interlocuteurs.

On y rencontre ainsi, parmi les plus célèbres : Zilu, un peu rustre, volontiers hâbleur et grincheux à l'occasion, mais dévoué comme personne ; Zigong, à la fois homme riche et fin politique ; Ran Qiu, à l'heureux caractère et que l'on voit parfois conduire le char du Maître, lors de ses nombreux déplacements ; Yan Hui, le plus jeune, le plus pauvre, mais le plus doué peut-être. Confucius l'aimait comme un enfant, admirait son insatiable soif d'apprendre et pleura toujours sa mort prématurée : il comptait sur lui pour transmettre son enseignement et ne comprit jamais pourquoi le Ciel le lui avait enlevé.

Le *Lunyu*, les « Entretiens » (ci-dessus), contient une sorte de verbatim des propos attribués à Confucius ; le Maître s'y exprime sur des sujets qui lui tiennent à cœur, ou discute avec ses disciples. Le texte, reconstitué sous les Han, a été soumis au fil des siècles à une très importante critique philologique.

Exister, mais seulement à travers des mots

La seconde source fort sérieuse se trouve dans l'œuvre qui deviendra la première des histoires dynastiques chinoises : les « Mémoires historiques » (*Shiji*) de Sima Qian (vers 145-86 av. J.-C.). On y découvre

un très long récit, synthétisé par l'auteur à partir de plusieurs textes dont il s'efforce de juger la crédibilité et la logique. Il en sort paradoxalement un portrait plutôt gris du plus célèbre penseur chinois.

Cette particularité étonnante a fait couler beaucoup d'encre avant de conduire à ce qui passe désormais pour une idée reçue : Sima Qian écrit son œuvre pour asseoir dans le temps la légitimité impériale – comme un aboutissement logique de l'Histoire –, mais aussi avec une intention plus personnelle : attirer sur lui, Sima Qian, et sa famille, la bénédiction des esprits qu'il évoque. Or Confucius, assez oublié, mais réputé d'une manière vague pour les talents d'archiviste dont il aurait fait preuve en retrouvant des textes anciens, constituait un parfait modèle pour un historien. Sima Qian aurait donc brossé le portrait fantasmatique d'un personnage idéal – dont on ne savait déjà pratiquement plus rien – avec l'espoir de légitimer sa propre notoriété : comme lui, Confucius est d'origine plutôt modeste, plein de défauts, mais son œuvre le rend immortel. Et Sima Qian couronne en Confucius l'homme du commun devenu roi par l'étendue de sa vertu et grâce à la fidélité affectueuse de ses disciples. La formule fait mouche, et pour longtemps : elle permet à chacun d'espérer atténuer l'ombre de sa naissance.

Ces êtres cependant – Confucius, ses disciples – n'échappent pas à leur condition : ce ne sont que des hologrammes nés de la force d'évocation des mots. Et l'historiographie moderne, avec ses indéniables avancées, épaissit encore le mystère : les plus anciennes traces connues de quelques notions confucéennes apparaissent au sein d'un étrange terreau germinatif, dans des écrits relevant du « taoïsme ». Cette pensée, qui imprégna elle aussi profondément la vie chinoise depuis l'époque des Royaumes combattants (475-221 av. J.-C.), invite les hommes à écouter le monde, à se laisser porter

Une tradition fort ancienne veut que Confucius ait rencontré Laozi [Lao Tseu] – le très célèbre, bien que légendaire, « fondateur » de l'enseignement taoïste – avant que ce dernier ne s'en allât porter la bonne parole à l'Occident (ci-dessus). Sima Qian, auteur de la première biographie de Confucius, s'interroge sur cette rencontre et suggère que, si elle a eu lieu, elle n'a pu se dérouler que lorsque Kongzi se rendit dans la capitale pour étudier les rites royaux dont Laozi aurait justement été un spécialiste (page de droite, une des plus anciennes représentations de Confucius sur une stèle de l'époque des Tang).

par son rythme sans troubler l'ordre naturel : la clé de toute conduite bénéfique se cache dans le non-agir, une pensée très étrangère au Sage qui, lui, passe au contraire sa vie à tenter d'influer sur son temps !

Des mots tracés sur du bambou

L'activité archéologique intense des trente dernières années, elle-même largement conditionnée par la multiplication des grands travaux agricoles ou d'urbanisation, a permis en effet la mise au jour d'innombrables tombes anciennes. Certaines renfermaient des textes souvent bien connus, mais révélés dans des versions antérieures à celles de l'enseignement officiel.

En 1993, une découverte remit ainsi à la mode les « Entretiens » : on trouva à Guodian (dans la province du Hubei), au sein d'un ensemble important de manuscrits taoïstes, déposés dans une sépulture de la fin du IVe siècle avant notre ère, un opuscule – ou plutôt quelques fragments – d'un esprit très différent. Il s'agit de bribes de phrases reprenant des mots que l'on trouve au fil des « Entretiens » – de ceux que Confucius y emploie pour évoquer les qualités nécessaires à la conduite d'une vie vertueuse. Ces fragments ténus, mais chargés d'une connotation éthique qui permet de les identifier pour confucéens,

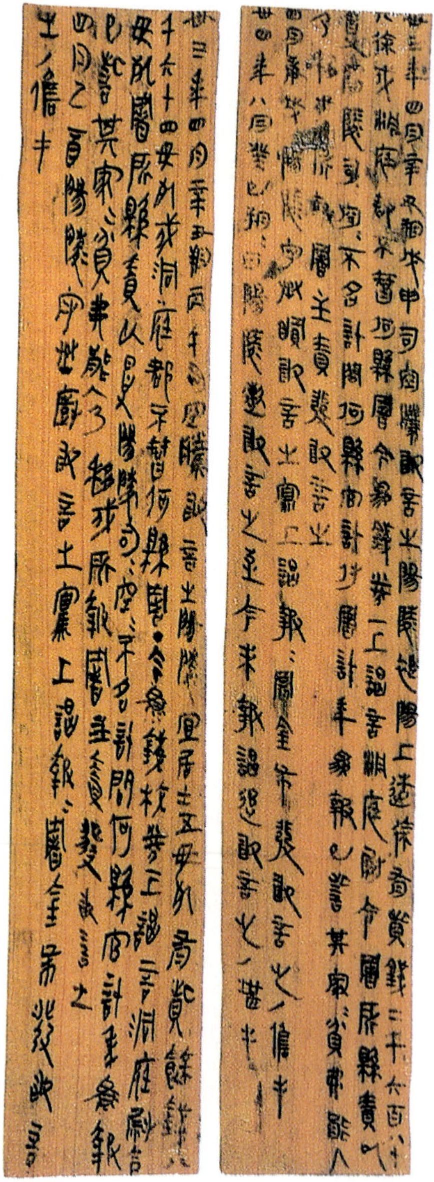

représentent aujourd'hui le plus ancien écho conservé de la parole du Maître.

Malheureusement, la transmission ne se fait pas sans parasite : à l'époque où les scribes ont calligraphié les caractères sur ces fiches de bambou tenues ensemble par des cordonnets (c'est le support habituel que l'on utilise à ce moment pour écrire), les mots paraissent avoir déjà évolué depuis Confucius. Par exemple, les termes renvoyant au « destin » (*ming*), à la « voie céleste » (*tiandao*), semblent y tenir une place importante, comparable à celle que les penseurs chinois leur donneront clairement un peu plus tard. Ce que révèle Guodian serait donc une forme de parole en mouvement : des mots prononcés très anciennement et qui, s'installant dans l'esprit des générations nouvelles, y prennent un sens qui, peu à peu, évolue. Confucius n'y est plus ; mais ce qu'il reste de son ombre identifie son passage.

Entouré de deux disciples, Kongzi est représenté avec des attributs – le chapeau de fonctionnaire, une barbe et des sourcils fournis, un haut front – conformes à l'iconographie traditionnelle depuis les Han pour figurer les héros.

Comment, dans ces conditions, trouver le personnage ? Là où s'étend son vrai royaume : dans la légende qui, après une longue gestation d'environ deux mille ans, finit par se fixer tardivement dans la mémoire chinoise, au tournant du XVe au XVIe siècle de notre ère, en plein essor de la dynastie des Ming. Lorsqu'il parcourt les événements de cette vie rêvée, le lecteur moderne, frustré dans sa quête de la vérité, imagine entendre des contes de nourrice. Pourtant chacune de ces péripéties porte un sens qui a parlé, ou parlera, au cœur des hommes. Il faut moins y lire un récit cohérent qu'une guirlande de symboles dans lesquels chacun apercevra, un jour ou l'autre, des miettes de son propre destin.

Page de gauche, un exemple récemment découvert de texte sur fiches de bois ; il fut écrit peu de temps après la mort de Confucius.

De nombreux textes parlent de Confucius, faisant de lui un sujet d'histoire. Mais il n'existe pas aux yeux des archéologues : aucun vestige matériel du Sage ne subsiste, pas même sa tombe, restaurée au cours des siècles, après avoir été profanée dès le temps du Premier Empereur. Et les mots s'en mêlent : « Kong » – son nom de famille – signifie aussi, quand le terme est pris en simple substantif, un « trou ». Pour chercher l'homme Kong, il faut donc d'abord plonger dans le vide.

CHAPITRE 2

LA TRAME D'UNE VIE

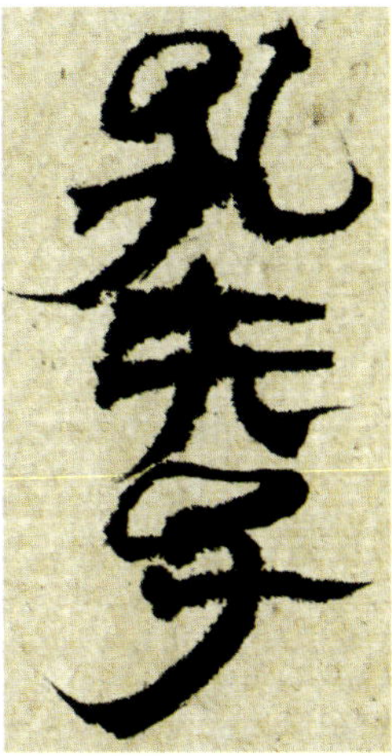

Kong fuzi, dont le nom est ici écrit dans une graphie du IIe siècle av. J.-C., tenta à plusieurs reprises de jouer un rôle politique puis préféra s'éloigner des sphères du pouvoir. Il se plongea dans l'étude, et finit par se consacrer à l'enseignement (page de gauche).

Une famille en difficulté

Un Chinois possède presque toujours plusieurs noms. Selon les âges, puis les fonctions qu'il veut mettre en évidence, il utilisera l'un ou l'autre. À sa naissance, Confucius reçoit le sobriquet de Qiu ; le mot évoque un creux d'eau, l'un de ces lacs minuscules comme il s'en forme parfois au sommet des montagnes. L'image aurait, paraît-il, assez bien représenté une déformation particulière affectant le crâne du nouveau-né. À sa majorité, Qiu devient Zhong Ni, « Ni le Puîné », car son père, Shuliang He, aurait eu, d'un précédent mariage, un autre fils, malheureusement infirme ; ce dernier se serait appelé aussi Ni. L'infirmité de ce garçon le rendait, selon les principes du temps, inapte à prendre en charge le culte des ancêtres familiaux, ce dont en revanche Confucius hérite, seul : aucune des neuf demi-sœurs que lui attribue la tradition ne saurait assumer ces rituels, par nature nobles et donc interdits aux femmes. Ainsi Confucius apparaît-il, par sa simple existence, comme le sauveur de sa famille. Celle-ci fait partie d'un clan – les Kong – en fonction duquel il sera finalement toujours nommé.

Ce clan Kong a des prétentions ; il se dit apparenté à l'ancienne dynastie des Shang par le biais d'ancêtres auxquels les souverains d'antan auraient confié l'administration d'une principauté de

En venant s'installer non loin du mont Taishan, les Kong se rapprochaient de l'une des montagnes les plus importantes de Chine, dressée à l'est du pays, au soleil levant. Les nuages s'y accrochent, accréditant la légende selon laquelle le mont Taishan apporte la pluie et la fécondité. Les femmes viennent y prier pour avoir un fils, comme l'aurait fait la mère de Confucius. Sous un certain angle, sa silhouette évoque le « creux d'eau » dont le crâne de l'enfant aurait eu la forme.

la grande Plaine centrale : l'État de Song. Inscrits dans un tel lignage, les Kong se montrent très respectueux de l'ordre établi. Cependant, ils ont tout perdu ou presque : des luttes intestines au sein de la principauté de Song les ont, il y a déjà plusieurs générations, obligés à fuir et à chercher refuge ailleurs, précisément au Lu où allait naître Confucius.

Sur leur terre d'accueil, les Kong ne possèdent plus d'autre statut que celui de ces gens instruits dont les puissants du jour utilisent à leur gré les compétences. Certains voient dans ce décalage – entre un passé supposé très glorieux et un présent fait d'étude, de bonne gestion, mais aussi d'incertitude, d'une certaine soumission et de la grisaille propre au déracinement – la source de cette conviction que Confucius devait transmettre à ses disciples : la valeur humaine compte davantage que l'origine sociale.

Lorsque l'enfant naquit, sa mère entendit une musique merveilleuse, tandis qu'une voix s'élevait au ciel, proclamant la venue d'un sage (ci-dessus, une des premières représentations de la vie de Confucius, datée du XVIe siècle). Le bébé, exceptionnellement fort, présentait effectivement toutes les caractéristiques d'un héros : un haut front bombé, un nez puissant planté haut lui aussi, des yeux « larges comme un fleuve » et une bouche « dont le mouvement évoquait la mer ».

Confucius eut un fils en 532. Lorsqu'il l'apprit, le duc de Lu lui fit porter un superbe poisson porte-bonheur (ci-dessus) – une carpe, selon la tradition. Confucius, profondément touché par cette marque d'intérêt pleine de promesses, nomma le nouveau-né Li, « la carpe » – officiellement, le fils de Confucius s'appelle donc Kong Li – et lui attribua le sobriquet de Boyu, ce qui signifie « poisson-l'aîné ».

Une jeunesse hors norme

Tout est hors norme dans cette histoire personnelle reconstituée. L'écart d'âge entre les parents – une mère de 15 ans, un père de plus de 65 ans – choque les tenants de la coutume chinoise, attentive à ce que les époux non seulement soient nés à peu près au même moment, mais se situent, dans la famille, à un niveau de génération identique. Et le temps, ainsi bousculé, rattrape les acteurs du récit : quand le petit garçon atteint ses 3 ans – il est né en 551 –, le modèle paternel n'est déjà plus pour lui qu'une âme ou un souvenir.

Les liens avec sa mère s'en développent d'autant, mais elle aussi disparaît assez tôt – en 528 –, quand le jeune homme n'est encore, aux yeux de son entourage, qu'un grand adolescent trop sage. Le tout, conforme aux lois du genre hagiographique qui aime à accumuler les difficultés, crée un hymne au seul attachement d'un sexe à l'autre recommandé dans la société chinoise traditionnelle : l'amour filial répondant à l'amour maternel.

Le récit continue, traversé d'épreuves, ou plutôt d'expériences, à la fois enrichissantes et médiocres. Confucius, l'orphelin, devenu majeur, commence sa carrière en gérant un grand domaine agricole (vers 534-532). Il expérimente ainsi la formation nécessaire à tout bon fonctionnaire, commençant au bas de l'échelle. Mais, préposé au comptage des pieux nécessaires pour attacher les bœufs et les moutons, ainsi qu'à l'achat de la nourriture des bêtes, il sait se montrer indispensable et le cheptel augmente.

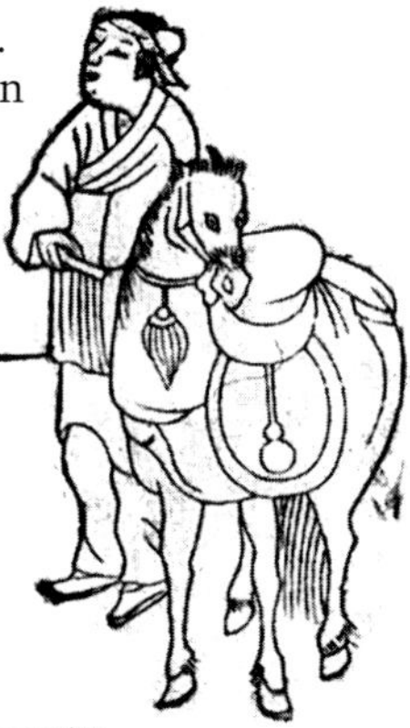

S'initier aux rites royaux

Plus tard, vers 518, Confucius obtient du duc de Lu la permission de se rendre à la cour des souverains Zhou ; le but de cette mission est de permettre aux provinciaux de faire le point sur les rites corrects, tels qu'ils sont pratiqués à la capitale. Confucius y conforte son amour de la musique, traditionnellement considérée en Chine ancienne comme la marque d'un esprit distingué. Il y apprend passionnément, à l'ombre des maîtres de la capitale, comme les jeunes idéalistes du pays de Lu viendront bientôt le faire auprès de lui. Son séjour le transforme et le met à la mode ; lorsqu'il revient au pays, on se presse à sa demeure pour lui demander conseil.

Confucius hérite d'un long passé chargé d'honneurs, mais aussi de drames : en 711 ou 710 avant notre ère, son ancêtre Kong Jia – conseiller écouté des ducs de la principauté de Song – est assassiné en même temps que son prince, victime d'une sanglante révolution de palais. Kong Jia paye de sa vie la beauté de son épouse que le Premier ministre convoite depuis qu'il l'a entraperçue.

S'il n'est plus question d'agression physique, la rencontre légendaire de Confucius avec Laozi débouche sur une autre forme de violence. Si l'on en croit Sima Qian en effet, Laozi, prenant congé de Kongzi, lui donna un avis en manière d'avertissement cinglant : l'intelligence et le savoir conduisent l'homme de bien à la mort – car les avis qu'il ne peut s'empêcher de donner fâchent les imbéciles au pouvoir –, et la piété filiale – du fils pour son père ou du sujet pour son souverain – est la cause, pour tout un chacun, d'une aliénation dégradante.

Cette naïve image d'aujourd'hui, décorant un temple du Sud-Ouest chinois, illustre une tradition de misogynie associée, à tort ou à raison, au confucianisme : aucune figure féminine n'apparaît dans le cercle des élèves.

Dire que les autorités, quant à elles, se montrent moins empressées est un euphémisme. Confucius désespérant, malgré le crédit qu'on lui accorde, de se faire entendre des grands de ce monde, se replie chez lui. Il accueille tout un chacun, pourvu que le candidat au titre d'élève se présente avec sincérité. Les riches donnent beaucoup ; les pauvres n'apportent qu'un peu de viande séchée.

Les débuts de l'enseignement (vers 517-500)

L'emploi du temps s'organise en fonction d'un programme en quatre points, simple en apparence, et très ambitieux : étudier les textes anciens – et définir, au passage, ceux qui méritent cette qualification ; pratiquer la vertu, sous ses multiples aspects ; servir loyalement ses supérieurs ; tenir ses promesses (*Lunyu* VII, 24).

Confucius parle au gré des événements, répond aux questions, enseigne l'humanité par l'exemple : lorsqu'il chasse, il refuse de tirer un oiseau au nid (*Lunyu* VII, 26). Il se présente à la fois avec emphase – persuadé, et même quelque peu encombré disent

ses détracteurs, de la puissance inébranlable de sa vertu – et avec modestie. Il se veut simple passeur de relais et non créateur de théories neuves : « Je transmets l'enseignement des Anciens, sans rien créer de nouveau, car il [cet enseignement] me semble digne de foi et d'adhésion » (*Lunyu* VII, 1). C'est peut-être là qu'il faut chercher l'originalité du personnage : dans le choix qu'il fait de notions héritées du passé auxquelles il donne un nouvel avenir.

Pour lui, seul compte le talent – Confucius semble avoir exprimé clairement son refus de prendre en charge quiconque se montre incapable d'une réflexion sensée – ainsi qu'un vrai désir d'apprendre, de trouver des clés pour comprendre le monde, la société dans laquelle il vit. Cette référence sociale explique et éclaire son intérêt pour l'Histoire. Le temps est l'absolu de la vie ; c'est donc autour de lui qu'il travaille. La première démarche consiste à ramasser des témoignages, voire de simples souvenirs des événements marquants, au fil des saisons, « des Printemps et des Automnes ». Mais la plupart des idées simplistes sur l'Histoire imputées à Confucius – dont on répète à l'envi qu'il vante, sans nuance, l'âge d'or des sages de l'Antiquité – paraissent bien postérieures à sa mort.

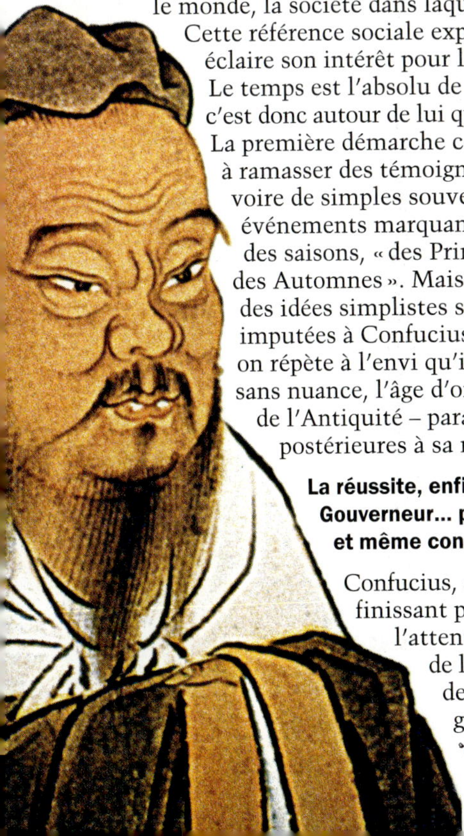

La réussite, enfin ! Gouverneur... puis ministre, et même conseiller !

Confucius, sa réputation finissant par attirer l'attention du chef de la principauté de Lu, devient gouverneur de la ville

Il n'existe aucun portrait de Confucius. Certes, dès les XIIIe et XIIe siècles av. J.-C., des visages animaient parfois des bronzes ou des jades, mais il s'agissait de représentations symboliques. Et à l'époque de Confucius, il en va toujours de même. Aucune image du Maître ne peut authentiquement rendre compte de son aspect physique. C'est pourquoi, lorsqu'il s'agit de lui donner une forme, les artistes, au fil des âges, se réfèrent aux propos de ses disciples et aux notions de la physiognomonie : celle-ci tente d'établir un lien entre certains caractères corporels et la personnalité du sujet. Il est donc admis que, comme tous les individus hors du commun, Confucius, selon une iconographie stéréotypée, est grand, imposant ; son visage au front haut et large, couronnant des traits appuyés, donne une impression d'énergie que souligne encore la vigueur de sourcils broussailleux et d'une barbe plutôt fournie (ci-contre, dans une peinture de l'époque des Song).

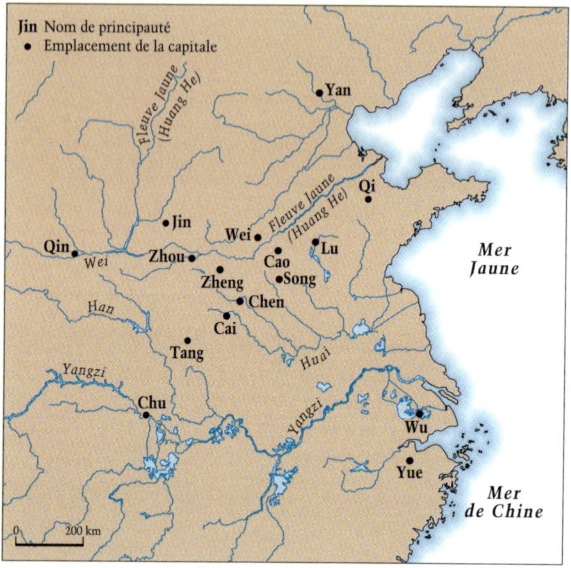

La carte des pays de la grande Plaine centrale à l'époque de Confucius est difficile à établir avec précision. Les limites fluctuent au fil des guerres et les paysages naturels eux-mêmes ont considérablement changé depuis. Les noms de pays, ici en gras, présentent donc une simple valeur indicative. Dans certains cas, les découvertes archéologiques récentes, révélant des tombes d'une grande richesse, conçues pour les potentats de petits États, permettent de pallier l'absence de textes historiques.

de Zhongdu (vers 501). On dit aussi que le duc, ayant apprécié son efficacité, le fait venir auprès de lui et le nomme assistant du ministre des Travaux publics, puis ministre de la Justice, et enfin – honneur suprême – conseiller du gouvernement (496).

En fait de ministère de la Justice, il s'agit plutôt à l'époque d'un bureau des châtiments. Le personnage en charge doit non seulement faire appliquer la loi, mais veiller aussi à éliminer les hommes réputés dangereux pour la principauté. C'est dans ce cadre qu'il faut comprendre l'un des épisodes sombres de la vie du Sage (les optimistes disent qu'il est apocryphe, épithète que l'on pourrait accoler à tous les faits et gestes prêtés à Confucius !) : la condamnation à mort et l'exécution d'un homme important dont il réprouvait, entre autres, les opinions subversives exprimées à trop haute voix.

De déceptions en pérégrinations

Parvenu au faîte des honneurs, Kongzi s'en retire néanmoins promptement pour ne plus y revenir.

De son plein gré ? ou parce que jamais personne ne cherchera sérieusement ses lumières ? De quelque manière que l'on tourne la parabole, le sens, universel et désabusé, en demeure le même : droiture, sérieux et pouvoir ne font pas bon ménage. Pour plaire au prince, il faut savoir flatter ses passions, surtout quand on appartient à cette catégorie montante, mais encore socialement non reconnue, des *shi*. Et Kongzi n'en peut plus : à quoi sert de donner des conseils, si personne ne les écoute ? La débauche lui fait horreur, et particulièrement celle du duc dont la tête tourne quand il voit une belle femme ou un élégant coursier. Les voisins et faux amis du Lu – le duc de Qi et son entourage – tiennent de fait le pays entre leurs mains : lorsqu'ils s'inquiètent de sa puissance montante, ils y envoient de ravissantes danseuses et quelques beaux chevaux, comme un cadeau empoisonné. Le résultat ne se fait jamais attendre : le duc oublie les affaires et passe son temps à s'amuser, prêt à toutes les concessions et compromissions.

Les pérégrinations du Maître (vers 496-484) sont émaillées de divers incidents (ci-dessous, Kongzi dans son chariot). Par exemple, alors que Confucius rentrait au pays de Cai, la route sembla s'arrêter au bord d'une rivière. Par chance, Kongzi aperçut deux laboureurs dans un champ et envoya son disciple Zilu leur demander où se trouvait le bac pour traverser. L'un des paysans leva la tête et demanda à quoi rimait de servir un prétendu sage qui, pas plus que les autres, n'avait le pouvoir d'empêcher les calamités naturelles. L'homme continua en proposant à Zilu de quitter le cercle des grands de ce monde corrompus, et celui des inutiles qui vivaient autour. Il ferait mieux de se joindre à eux, à qui incombait la nourriture de tous ! Le paysan retourna à ses semences, tandis que Zilu rapportait ses propos à Kongzi qui s'en montra fort affecté. Il soupira : « Les oiseaux et les bêtes sauvages, nous ne pouvons nous associer avec eux et vivre en leur compagnie. Si l'empire était bien ordonné, qu'aurais-je besoin de le changer ? »

L'élévation de Kongzi au rang de conseiller du duc de Lu suscita l'affolement dans l'État voisin de Qi : grâce à ses conseils, le Lu pourrait bien devenir trop puissant ! Mais les gens du Qi trouvèrent vite la parade : ils envoyèrent au duc quatre-vingts belles musiciennes et trente attelages de chevaux. C'était une manœuvre avisée : le duc ne pensa plus qu'à profiter de ses femmes et de ses coursiers (page de gauche, en haut, et ci-dessus, le duc de Lu avec le duc de Qi). Dans un autre épisode, Confucius s'installa sous un grand arbre. Il voulait exposer à ses disciples certains rites. Un sicaire choisit ce moment pour scier l'arbre. Les disciples, affolés, cherchèrent leur Maître ; ils le trouvèrent vivant, et imperturbable, estimant normal que l'arbre ne l'eût pas atteint, puisque la force de sa vertu le protégeait (ci-contre).

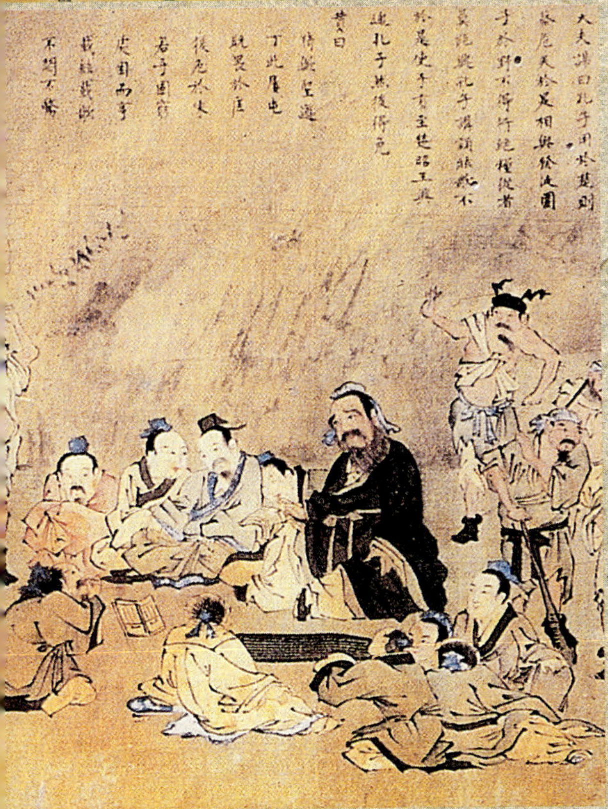

À son tour, le duc de Chu invita Confucius à se rendre auprès de lui comme conseiller. Les petits États de Chen et de Cai en conçurent un grand effroi : le Chu, déjà puissant, risquait fort de les soumettre. Les deux principautés unirent donc leurs forces et envoyèrent une armée bloquer Confucius et ses disciples en rase campagne, avec l'intention avouée de les laisser mourir de faim. Cela faillit bien arriver, mais, tandis que ses disciples commençaient à sentir les vertiges de l'inanition, Confucius continuait à expliquer le « Livre des Poésies » (ci-contre). Zigong, enfin, réussit à passer les lignes ennemies pour aller prévenir le maître du Chu qui dépêcha une troupe afin de prendre les assiégeants à revers. Confucius s'en fut donc vers le Chu avec une belle escorte. Mais le triomphe ne dura pas. Le duc de Chu venait à peine d'offrir au Sage un superbe domaine pour assurer sa vie matérielle que déjà l'un des ministres protestait. Confucius ne se le fit pas dire deux fois et retourna au Lu. Il se consacra à enseigner les rites et la musique (page de droite, en haut) : tel fut, au bout du compte, son grand métier.

Confucius, donc, désespéré une fois de plus par la conduite débauchée de son duc, donne sa démission. Cependant – et c'est l'un des traits fondamentaux du caractère que la tradition lui attribue –, il reste optimiste. Il se prend à croire que des princes plus éclairés règnent quelque part dans les autres principautés de la grande Plaine. Il entreprend alors une sorte de tournée, se rendant d'un pays à l'autre pour proposer ses services. Mais le voyage se transforme vite en une pérégrination sans fin.

Kongzi, en l'espace d'une douzaine d'années (selon la chronologie traditionnelle, bien qu'apocryphe, 496-484), se présente au pays de Wei, puis tente de gagner le Chen et, tout bien réfléchi, revient au Wei. Il se rend au Song, puis au Zheng, et au Chen où il se trouve d'abord assez bien, mais qu'il quitte car la guerre tout à coup fait rage. Il se replie une nouvelle fois au pays de Wei où nul ne lui propose un emploi. Il repart donc vers le Chen, puis le Cai. Il se rend dans une ville de l'actuel Henan qui appartenait alors à la principauté de Chu; finalement, il regagne Cai; puis passe au Chu dont le roi pense un temps à le prendre pour conseiller.

Confucius ne se remit jamais de la mort prématurée de son fils, Kong Li. Quand le Sage disparut à son tour, on installa donc sa tombe au nord de celle de Kong Li, conformément au rituel définissant, selon les préséances, les emplacements et les orientations (par exemple, le souverain siège au nord, le visage tourné vers le sud où se tiennent ses ministres). Plus tard s'y ajouta celle de son petit-fils, Kong Ji, qui figure au nombre de ses principaux disciples et joua un rôle important dans la transmission des paroles du Maître (ci-dessous, les trois tombes – celle de Confucius est au fond – dans une xylographie du XVIIe siècle).

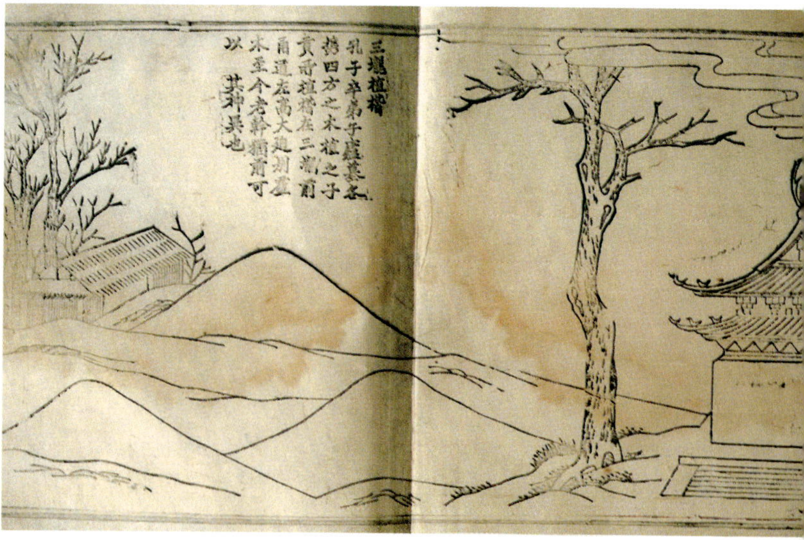

Kongzi, sentant naître des jalousies dangereuses, préfère cependant revenir au Wei jusqu'à ce qu'en désespoir de cause il rentre chez lui au Lu.

Mieux vaut s'en aller

Dès lors, il a compris : son exigence morale ne s'accordera jamais à la réalité politique du temps. Son royaume n'est pas de ce monde corrompu ; il renonce à briguer une quelconque charge. Il consacrera son énergie à définir les notions qui lui tiennent à cœur et à les enseigner.

Cette retraite sérieuse suffira-t-elle à lui faire passagèrement oublier la mort d'un fils trop tôt survenue ? à masquer la blessure de ses ambitions déçues ? Le désespoir submerge Confucius. L'évidence de sa disparition prochaine ne lui laisse plus aucun doute quant à son aptitude à exercer une influence durable sur son temps. Et pourtant, sans le savoir peut-être, il a déjà gagné : lorsqu'il meurt en 479, ses disciples se conduisent comme des orphelins.

Pendant trois ans, et conformément à l'usage qui place le maître sur le même plan que le père, voire au-dessus de lui, ils portent des vêtements de deuil. Tous se rendent sur son tumulus pour y planter un arbre. Chacun apporte une pousse caractéristique de son terroir. Au fil des saisons, c'est une forêt qui grandit ainsi, riche d'innombrables espèces. Certains s'installent pour vivre à proximité, dans des huttes de branchages et y passent plusieurs mois. On raconte même que Zigong y reste six années. Le retentissement de ces présences fidèles attire peu à peu une audience dont le Sage n'aurait jamais osé rêver naguère à Qufu : elle se situe hors de portée des vivants.

Ci-dessus, le tumulus sous lequel serait enterré Confucius, à Qufu, devant lequel a été élevée une stèle à l'époque des Song (XIe-XIIIe siècle). La tombe est ici photographiée au début du XXe siècle par Édouard Chavannes (1865-1918), le premier qui traduisit en une langue occidentale la biographie de Kongzi selon Sima Qian.

« Lorsque Kongzi expliqua les six livres canoniques, il rappela les choses extraordinaires, mais l'explication n'en fut pas écrite [par lui]; pour ce qui est des décrets de la Providence, il ne les transmit pas. En effet, si on transmet cela aux hommes qui peuvent le comprendre, ils n'attendent pas qu'on le leur ait dit pour l'avoir compris; si on le dit aux hommes qui en sont indignes, quelques explications qu'on leur donne, on ne le leur fera pas comprendre. »

Sima Qian, *Mémoires historiques*, III

CHAPITRE 3

DES MOTS EN ACTION

Ce caractère, *de*, est habituellement traduit par « vertu ». Mais plutôt qu'au sens français du terme, il faut se référer à ce que signifiait, pour les Romains, la *virtus*, connotant une notion de rayonnement et d'efficacité, source de l'aura du Maître (page de gauche avec ses disciples).

Une société en ordre de marche

Ce ne sont pas les droits qui fondent la société chinoise, mais les liens de parenté, ou leur absence. Ainsi, jusqu'en 1912, le code impérial définissait-il les peines infligées aux criminels et les réparations exigées par les victimes en fonction d'un système très ancien : celui des hiérarchies du deuil liant agresseur et agressé. Par exemple, le père qui tuait son fils encourait une peine moins grave que le fils parricide, non pas directement en vertu d'un droit que l'aîné dans la chaîne des êtres aurait sur celui qu'il a engendré – même si l'idée est évidemment sous-jacente –, mais parce que les rituels du deuil, tels qu'ils sont définis dans la société impériale chinoise, durent trois ans pour un père, et seulement trois mois pour un enfant. Les rites forment l'ossature des relations. Ils rendent visible une réalité dont la vie quotidienne fait parfois oublier les contours. Ils coordonnent les pratiques nécessaires à la bonne marche de la société, en son sein et dans ses rapports avec la nature qui l'accueille et la nourrit.

La musique en constitue un élément essentiel. Les successions d'accords, de ruptures, de temps forts et de temps faibles, créent – lorsqu'elles sont correctement conçues – le rythme et l'harmonie entre les créatures. Elles aident à régler les comportements des hommes et même des animaux que le monde chinois antique – contrairement à ce qui se passe depuis le triomphe des idées confucéennes plaçant l'homme au cœur de tous les systèmes – n'exclut jamais de sa réflexion.

Confucius estime avoir reçu de sa famille et de ses ancêtres, pour lesquels il ne cache pas son admiration, des lumières inégalables sur ce sujet. Il se juge donc plus apte que d'autres à réaliser la synthèse dont, à ses yeux, le royaume manque cruellement : répertorier, puis harmoniser

Confucius ne se contentait pas de vanter les mérites universels de la musique, *yue* (ci-contre). Il était lui-même un bon chanteur et un excellent instrumentiste (à droite, jouant de la cithare) ; il n'hésitait pas à prendre des leçons auprès des plus grands praticiens de son temps.

« La musique, on peut la connaître. Lorsque le début se produit, il y a accord. Quand on donne carrière aux autres instruments, il y a harmonie, il y a distinction, il y a continuité, et ainsi se réalise la musique parfaite. Depuis que je [Confucius] suis revenu de Wei dans le Lu, la musique a été rendue correcte. »

Sima Qian, *Mémoires historiques*, V

les multiples pratiques existantes afin d'en tirer un ensemble valable pour tous, et non pour les seuls membres d'un clan ou d'une lignée. L'imagerie traditionnelle y a puisé la figure d'un personnage respectable au point de passer pour un bavard pompeux et superficiel. Et pourtant, comment les mots du Sage pourraient-ils continuer à vivre s'ils n'exprimaient aussi quelques idées simples et fondamentales ?

Les uns affirment qu'il croyait au Ciel, les autres s'en montrent moins sûrs, mais tous le reconnaissent : derrière la modestie et le doute de soi affirmé parfois – paradoxalement – jusqu'à l'outrecuidance, se dessine un homme bardé aussi de quelques certitudes. Il lui fallait bien, par exemple, parler de la nature (*xing*) des choses et désigner l'agent indomptable du destin. Comme ses ancêtres, il choisit le Ciel (*tian*) – rond au-dessus

Cet incroyable carillon, qui mesure près de 2 mètres de haut, avec soixante-cinq cloches que portent des cariatides de bronze aux pieds reposant sur des serpents, a été retrouvé dans la tombe d'un prince du Ve siècle av. J.-C. Il faisait partie d'un orchestre composé de lithophones, de cloches et de tambours.

de la terre plate et carrée : sa voûte englobe, fait vivre tout ce qui existe, accorde ou refuse le pouvoir aux dirigeants selon qu'ils jouent correctement ou non leur rôle de courroie de transmission entre le visible et l'invisible, l'humain et le supra-humain. C'est cela le *tianming*, le décret du Ciel, l'ordre naturel dans lequel s'inscrivent toute société et tout gouvernement, sous peine de péricliter.

Depuis des temps très anciens, le Ciel est représenté par un disque percé d'un trou, un *bi* (ci-dessous). On en trouve déjà dans les tombes néolithiques de la région de l'actuel Shanghai, vers 3500 av. J.-C.

Le bon souverain se soumet au Ciel et en reçoit la force de gouverner pour le bien du plus grand nombre. Il respecte les cinq qualités – générosité, bienveillance, absence de convoitise, modestie, rayonnement – et évite les quatre défauts que le Maître stigmatise ainsi : « Punir de mort au lieu d'instruire, c'est de la tyrannie ; attendre qu'un travail soit fait sans donner de préavis, c'est de l'oppression ; être lent à émettre des ordres et prompt à exiger leur exécution, c'est de l'arbitraire ; donner à quelqu'un son dû tout en le faisant avec parcimonie, c'est de la mesquinerie de petit employé » (*Lunyu* XX, 2).

La quadrature du cercle : accepter son lot, mais agir

Confucius ne développe pas une pensée activiste de l'engagement. Sa vie durant, il tourne autour de cette vérité première : les choses sont comme elles sont ; et s'il paraît indispensable que le sage réfléchisse, essaye de comprendre, c'est bien pour se placer dans le sens du monde global, cet invariant dont nul ne peut s'abstraire ; il faut accepter son lot (*fen*) reçu en héritage. Ces limites clairement admises posent le cadre. Le Maître y joue le rôle d'une sorte de Janus : les résignés et les révoltés, ceux qui acceptent leur terrestre prison et ceux qui veulent s'en échapper,

se heurtent à lui, cherchant à voir l'un ou l'autre de ses visages, l'admirer ou le contester, voire – et certains ne s'en privèrent pas au XXe siècle – le conspuer.

Au fil des « Entretiens », la seule source au moins partiellement fiable, certains termes reviennent de page en page. D'une réponse à l'autre, ils livrent le cheminement d'un homme de bonne volonté. Son unique désir est de faire sourdre un peu de bon sens dans une société en folie, et de rappeler une réalité triviale, mais souvent oubliée : ce qui fait du bien au peuple conduit à la paix et pourrait bien s'identifier à la vertu. Et celle-ci, dans tout être, se révèle éminemment perfectible.

Tianming (ci-contre), le « mandat céleste », désigne la forme chinoise du destin. Le premier pas sur le chemin de la sagesse consiste à reconnaître son existence et son pouvoir régulateur. Les sacrifices au Ciel expriment le lien entre le pouvoir et le cosmos. Au Taishan, ils sont célébrés pour la première fois en 110 av. J.-C. C'est à cette époque que l'empereur Wu choisit les principes confucéens pour asseoir son gouvernement (ci-dessous, inscriptions des Tang gravées au Taishan).

Qu'est-ce qu'un homme ?

La « vertu » (*de*), justement, voici un mot qui a fait couler beaucoup d'encre ! En Chine, il a d'abord un sens pratique (l'efficacité), puis se charge peu à peu d'un sens moral. Mais au temps de Confucius, les deux ne semblent pas s'être encore très clairement distingués. Le Maître, lui, s'intéresse surtout à l'agent de la vertu, le *junzi*, littéralement le « fils de seigneur », un terme qu'il transpose sur le seul plan moral, puisque les ducs et autres chefs de principautés s'en montrent indignes, malgré leur naissance réputée de haut parage. Confucius nomme « fils de seigneur » tout homme accompli. Cet homme-là se reconnaît à ses qualités de cœur et ne fait jamais étalage d'un savoir ostentatoire : « Il y a trois choses qu'un homme de bien doit privilégier dans sa pratique de la Voie : ses attitudes, ses gestes seront dénués de violence et d'arrogance ; son expression, son visage empreints de bonne foi ; ses paroles, ses intonations, franches de bassesse et de vulgarité. Quant au détail des vases rituels, d'autres sont là pour s'en occuper » (*Lunyu* VIII, 4).

Confucius n'aime ni les frimeurs, ni les pédants de vaine érudition, mais il semble qu'il croyait au progrès, puisqu'il ne manque jamais une occasion de rendre hommage aux fondateurs des Zhou, tellement plus humains, à ses yeux, que les archaïques et sanguinaires souverains Shang. Au fil des conversations revient ainsi sa quête maîtresse : comme d'autres, ailleurs et presque en même temps, il cherche un homme ou des hommes, ceux en qui s'incarne justement le *ren*, le sens de l'humain.

Chacun s'accorde à reconnaître en Confucius celui qui, le premier en Chine, place clairement l'homme au centre de sa réflexion, laissant

Yi (ci-dessus), l'« équité » ou le « sens du juste », est une notion qui s'inscrit dans la société, exprimant l'équilibre qui doit présider aux relations entre les êtres et inspirer les rituels. *Zhong* (ci-dessus), la « loyauté », est une exigence d'honnêteté d'abord envers soi-même, puis envers les autres. Le *shengren* (ci-contre), le « saint », est un homme accompli dont le parangon est Confucius.

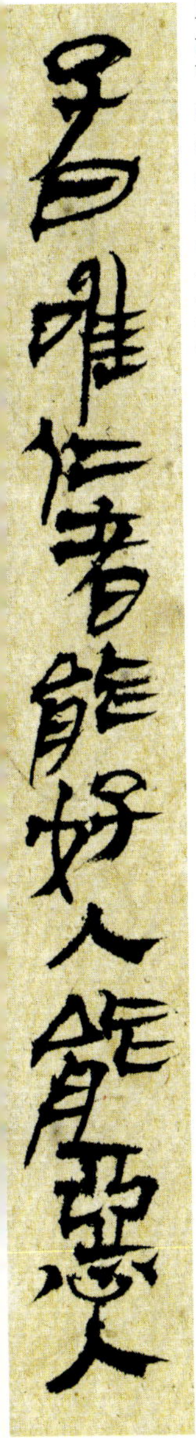

les dieux à leurs empyrées et ramenant une forme de philosophie sur la terre. Vertu cardinale, le *ren* vaut davantage que les plus grands honneurs. Il est fait de souplesse, ennemie des positions extrêmes. Lui seul permet à l'être de laisser pleinement jouer sa nature, dans l'amour, mais aussi – et on l'oublie trop souvent – dans la haine : « Le Maître dit : seul l'homme de *ren* est capable de vrai amour, de vraie haine » (*Lunyu* IV, 3). Car les forces de la vie sont binaires : en face d'un bien, il y a toujours un mal.

Conversations

Qui peut donc prétendre être, devenir, rester un homme de bien ? Quelles qualités faut-il développer ?

D'une réponse à l'autre, les propos du Maître peuvent parfois surprendre. De la loyauté (*zhong*), par exemple, il dit qu'elle facilite les rapports d'homme à homme, mais n'implique pas automatiquement le *ren*. Confucius se refuse même plus d'une fois à trouver du *ren* chez des ministres ou des hommes d'État dont la rumeur vante l'honnêteté, la droiture. Devant l'étonnement de ses interlocuteurs, il laisse tomber un commentaire énigmatique : « La seule loyauté implique-t-elle le *ren* ? » (*Lunyu* V, 18). La qualité primordiale d'un ministre lui semble plutôt relever de l'équité (*yi*). En chinois, le mot incorpore une forte teneur sociale. Il représente la capacité de s'intégrer à un groupe, d'y vivre sans gêner les autres et de les aider à jouer leur rôle dans le même esprit. Un bon ministre est donc celui qui « assure le bien-être du peuple avec générosité et le fait travailler avec équité » (*Lunyu* V, 15).

Ren (ci-dessus), le « sens de l'humain », constitue la pierre angulaire de l'enseignement confucéen. Placé au cœur du discours du Maître, il représente, à son époque, une idée originale, et même révolutionnaire. Le *ren* n'est jamais acquis d'entrée de jeu ; il s'acquiert par un long apprentissage, suivi d'efforts incessants : « Le Maître dit : seul l'homme de *ren* est capable de vrai amour, de vraie haine. » (*Lunyu* IV, 3 [à gauche])

On pourrait y ajouter la mansuétude (*shu*) qui consiste à adopter vis-à-vis des autres l'attitude dont chacun aimerait bénéficier pour lui-même. Mais encore une fois, il ne suffit pas d'être ministre, ni même un bon ministre, pour accéder au *ren*. Il est même permis de se demander si les deux sont conciliables.

Chercher le point d'équilibre

Reste le but à atteindre : *zhongyong*, le « milieu juste et constant » dont il ne faut jamais s'éloigner. Toutes les qualités, les tensions, les existants s'y rencontrent et s'y opposent en se combinant, comme des forces s'équilibrent en se faisant contrepoids. Confucius en exprime l'idée sous une forme allusive, au fil d'une phrase demeurée célèbre : « Nature qui l'emporte sur culture est fruste, culture qui l'emporte sur nature est pédante. Seule leur combinaison harmonieuse donne l'homme de bien » (*Lunyu* VI, 16).

Chercher le meilleur moyen d'y parvenir ramène encore une fois au rituel (*li*) considéré dans son ampleur et sa profondeur. Celles-ci n'ont rien à voir avec un apparat excessif dont Confucius se méfie ouvertement. Il rappelle à qui veut l'entendre que lui-même vit chichement et ne peut satisfaire, quelles que soient les circonstances, à des rites coûteux. En revanche, il souligne avec quelle gravité il se pénètre du sens des gestes qu'il accomplit. Derrière chacun se cache un sens que l'officiant doit non seulement comprendre, mais porter en son cœur avec respect et sincérité, en faisant abstraction de tout esprit de compétition car ce dernier est destructeur et contraire au bien : « De vrais hommes de bien ne cherchent pas la compétition » (*Lunyu* III, 7).

Afin d'exprimer l'empathie qui anime idéalement l'officiant, Confucius décrit son état d'esprit personnel quand il rend hommage à ses ancêtres : il procède avec soin et concentration, si bien que le sentiment de leur présence l'envahit bientôt. Les rites l'aident ainsi à construire un univers de type religieux, c'est-à-dire exprimant une croyance par nature indémontrable, mais perçue comme justifiée et rassurante. Les lectures modernes de Confucius soulignent les effets thérapeutiques de cette approche : conjuguant conscient et inconscient, elle permet de maintenir ou de restaurer l'unité de la personne.

Confucius dit du *zhongyong* (ci-dessus), le « milieu juste et constant », qu'il « est, depuis longtemps, chose rare parmi les hommes » (*Lunyu* VI, 27). Le rituel permet d'y parvenir (ci-contre, personnage présentant des offrandes rituelles).

Créer des liens

La piété filiale (*xiao*), née de la filiation entre les êtres, est le seul lien intangible dont l'homme puisse percevoir l'existence. C'est l'unique porte entrouverte pour lui laisser appréhender quelque chose de la transcendance. Et ce lien, à la fois charnel et spirituel, existe par-delà le jugement porté sur les gens : « Aux yeux d'un père, un fils est toujours un fils, qu'il soit doué ou non » (*Lunyu* XI, 7). Sur ce lien s'appuie le *ren* et ainsi le système se stabilise enfin. Car la piété filiale se nourrit de la réciprocité, vertu cardinale de toute

Ce grand panneau de soie (page de gauche) représente l'univers tel qu'on le perçoit au début des Han : du tréfonds des eaux (en bas), en passant par la terre (où ont lieu des funérailles), jusqu'au ciel – avec deux dragons (unis dans un disque *bi*). Viennent ensuite des immortels, le soleil, la lune, jusqu'au « guerrier noir » protecteur. Chaque créature tient une place et joue un rôle que traduisent des comportements codifiés.

société : la relation du prince à ses sujets s'organise sur le modèle de la relation père-fils, tandis que les rapports fraternels, fondés sur la confiance (*xin*), s'étendent à l'ensemble de l'humanité : « L'homme de bien fait son devoir sans faillir, traite les autres avec respect et possède le sens du rituel. Pour lui, entre les Quatre Mers, tous les hommes sont frères » (*Lunyu* XII, 5).

Tel est le *dao*, la Voie à suivre pour respecter l'ordre naturel. Le mot prendra en Chine, au fil des temps et du développement de pensées diverses, des connotations multiples, en fonction de l'idée que chacun se fait de l'ordre naturel et de la méthode à suivre pour s'y insérer ; mais le sens premier reste le même. La Voie confucéenne est donc à chercher dans tous les autres mots dont le Maître semble avoir usé fréquemment.

Elle repose sur une démarche classificatoire, une sorte de premier pas sur le chemin de la rationalité : il faut nommer correctement les êtres et les choses (*zhengming*). Le point de départ s'en trouve dans la plus célèbre réponse attribuée à Confucius, du moins celle que tout le monde s'accorde à reconnaître authentique : « Que le souverain agisse en souverain, le ministre en ministre, le père en père et le fils en fils » (*Lunyu* XII, 11). La formule exprime l'urgence d'accorder être et nomenclature, c'est-à-dire compréhension et perception par tout un chacun. Réintégrée dans le contexte de l'époque, elle traduirait aussi le fort attachement de Confucius à la seule légitimité des souverains Zhou dont le pouvoir a été reconnu par le Ciel, c'est-à-dire par le fait même qu'ils aient pu vaincre les Shang. Leur victoire, consacrant certes un régicide, était à noter dans la série des actes vertueux et non dans celle des crimes, puisque le dernier roi Shang ne se conduisait plus comme un chef, ni même comme un homme : la « révolution » (*geming*, littéralement et anciennement le « changement de mandat ») fait partie intégrante de la théorie chinoise de l'évolution et du pouvoir.

Xiao (ci-dessous), la « piété filiale », pivot et modèle des relations humaines, exprime le plus accompli des liens de réciprocité : celui qui attache entre elles les générations. Elle trouve sa limite dans l'intérêt général avec lequel elle ne doit pas entrer en conflit. Le caractère *xiao* renvoie à trois niveaux illustrés par cette peinture du XIIe siècle : celui de la famille biologique (en haut,

un fils et son épouse servent les parents du fils) ; celui de la société (au milieu, un lettré descend de sa mule pour saluer un vieillard, exprimant ainsi son respect de l'âge et du savoir qui va avec) ; et celui de l'autorité (en bas, un lettré se prosterne devant son souverain qui doit se comporter comme un père vis-à-vis de ses sujets).

Réussir sa vie

Quel est donc, au bout du compte, l'idéal, le projet de vie de Confucius ? Partant d'un plan pratique, il conseille encore et toujours un bon apprentissage ainsi qu'une pratique régulière des six arts (*liu shu*) dont la maîtrise faisait l'orgueil de ses pairs, aussi habiles de leurs mains que de leur tête. Faut-il préciser que ce sage principe, garant de l'équilibre physique et psychologique des individus, allait rester bien souvent à l'état de pure théorie, faute de s'adapter aux techniques d'un monde en pleine évolution ? Faute, aussi, de pouvoir résister à la spécialisation des fonctions. C'est du moins ce que laissent à penser de nombreux témoignages, tant chinois qu'occidentaux, relatifs à la conduite des lettrés à la fin de l'Empire, au XIXe siècle et au début du XXe. Il est vrai que les propos mêmes du Maître prêtent à confusion : « Concentre ta volonté sur la Voie, prends appui sur la Vertu, modèle tes actions sur le *ren*, et prends ton plaisir dans les arts » (*Lunyu* VII, 6). Suivant leur tempérament, les uns en concluent que la pratique des six arts est secondaire, ou, à l'inverse, que le plaisir constitue, dans une existence correctement équilibrée, un élément fondamental.

L'ensemble de ces dispositions aboutira, au terme d'une vie bien remplie, à la réussite que Confucius définit, au détour d'une conversation avec Zilu et Yan Hui, en ces termes : « [...] inspirer aux vieux la sérénité, aux amis la confiance, aux jeunes l'affection » (*Lunyu* V, 25) et devenir un *shengren*, un « saint ». Toute la question réside dans la définition de ce qu'est ce bien-là ; les maîtres à penser chinois s'interrogent sur ce thème depuis près de deux millénaires et demi.

La fin d'un monde

Un doute aurait-il aussi saisi Confucius ? Peu avant de rendre l'âme, il semble qu'une forme de découragement l'accable, devant sa propre vie et les mutations qu'il perçoit plus que d'autres en témoin lucide et impuissant.

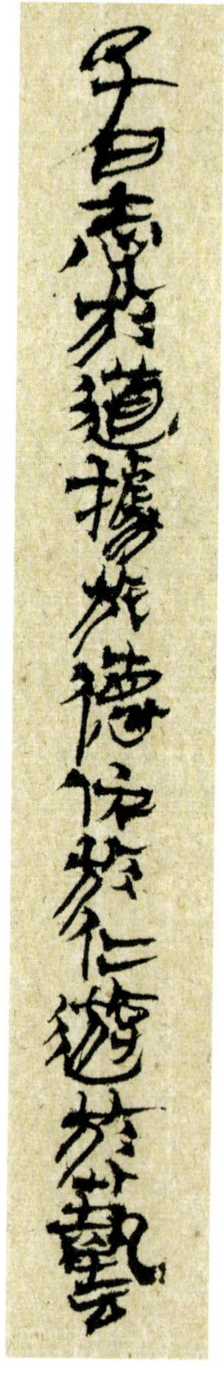

Les souverains Zhou, objets de sa fidélité indéfectible, perdent chaque jour davantage de leur aura. Qui juge encore nécessaire d'aller chercher la civilisation auprès d'eux à Luoyang – la capitale qu'il admirait sans fin, dans sa jeunesse, lorsqu'il y suivait avec une dévotion stupéfaite le parfait ordonnancement des rites royaux ? Les plus beaux rites se pratiquent maintenant, aussi, ailleurs : comme au pays de Zeng, petite principauté furtivement nommée, une fois ou deux, dans les textes historiques, et dont les découvertes archéologiques du XXe siècle révèlent la splendeur.

L'ensemble des régions, entre fleuve Jaune et Yangzi, connaît, à l'époque où meurt Confucius, un développement accéléré. Et, puisqu'il faut bien organiser cette prospérité nouvelle – source de convoitises, donc de multiples tensions, elles-mêmes génératrices de guerres incessantes – les marchands d'idées surgissent de toutes parts. L'époque des Royaumes combattants – la bien nommée – commence. Tandis que, sur le terrain, les armées locales s'affrontent, les rhéteurs et donneurs d'avis de tout poil affûtent leurs arguments et s'efforcent de les vendre au plus offrant.

« Concentre ta volonté sur la Voie, prends appui sur la Vertu, modèle tes actions sur le *ren*, et prends ton plaisir dans les arts » (page de gauche). Dès les Song, les portraits du Sage expriment souvent la tristesse de l'homme de bien dont les avis ne sont pas entendus (ci-dessus).

Les empereurs accordent à Confucius au fil des siècles des titres dithyrambiques comparables à ceux dont on affuble les saints et les dieux; parents et fonctionnaires l'érigent en modèle; les philologues glosent ses discours; les théoriciens se lancent à son sujet dans des joutes interminables. Il envahit les textes de ceux qui, longtemps après sa mort, le choisissent pour porte-drapeau, ou parfois pour cible. Chacun le cite à tout propos; et pourtant, il ne s'est jamais présenté comme un chef de mouvement.

CHAPITRE 4

DE MÉMOIRE EN ADAPTATION

Les penseurs chinois (page de gauche) n'ont jamais travaillé sur la notion d'un texte « révélé », comme la Bible. En revanche, ils ont beaucoup œuvré à constituer un corpus d'écrits fondateurs permettant de fixer les règles nécessaires au fonctionnement de la société. L'enseignement de Confucius s'est peu à peu adapté à des situations nouvelles et enrichi d'éléments divers. Les Han font graver les ouvrages reconnus comme constituant le corpus confucéen (ci-dessous, un rare fragment).

Un terme spécifique désigne la pensée issue de l'enseignement de Confucius, mais l'expression, *rujiao*, fait référence à ceux que nous appelons les « lettrés », les *ru* : ces gens instruits, terreau humain des administrateurs de l'Empire et descendants intellectuels des *shi* de jadis. Le nom du Maître, quant à lui, n'est pas prononcé, sinon pour évoquer sa personne, devenue seulement bien après sa mort, et malgré quelques aléas spectaculaires, l'objet d'une vénération toujours résurgente.

Un siècle et demi de critique et de contestation (Ve-IVe siècle av. J.-C.)

Le moins que l'on puisse dire est que le message de Confucius ne fait pas, d'emblée, l'unanimité.

Première idée contestée : l'efficacité de cette « vertu d'humanité » et de l'équilibre dont elle serait l'agente, entre les hommes, ainsi qu'entre ces derniers et la nature. Confucius en a lui-même expérimenté parfois amèrement la faible portée. Mozi (vers 480-390 av. J.-C.) – qui vient à naître à peu près quand le Sage de Lu s'en va – l'exprime, lui, sans ambages. Il nie l'intérêt des rites – du moins tels qu'ils existent – et rejette le principe d'obéissance à l'autorité. Plus fondamental : il place la recherche de l'équité bien avant celle de l'humanité et s'attache à la norme logique, beaucoup plus qu'à la classification descriptive. Ainsi, la notion d'un absolu régulateur prend chez lui le pas sur celle de relativité, sous-jacente à la pensée de Confucius. Et quand ce dernier parle de morale, Mozi invoque l'utilité : il exprime ainsi l'esprit pragmatique de la société qui change au moment même où Confucius disparaît.

Deuxième idée : l'enseignement est utile. Sur ce point, Confucius, ou du moins son fantôme, rencontre un contradicteur de taille : Zhuangzi (vers 370-300 av. J.-C.) qui se demanda un jour, au réveil, s'il était bien lui, Zhuangzi, venant de se rêver papillon, ou bien un papillon en train de rêver qu'il était

Les siècles précédant l'Empire constituent la période des Royaumes combattants (475-221), terme qui exprime bien la réalité des temps. Parmi les serviteurs des petits États en pleine compétition (ci-dessous, un personnage en bronze), les intellectuels prennent une place grandissante. Les cours régionales résonnent des débats entre les multiples cénacles, appelés les « Cent Écoles ». Bien plus tard, lorsqu'en 1957 Mao Zedong veut flatter les contestataires afin de les identifier pour mieux les détruire, il lance une campagne dite des « Cent Fleurs » : la référence à l'Antiquité est alors comprise comme une invite à s'exprimer sans crainte.

Zhuangzi. La tradition place sous son nom un texte, certes hétérogène, mais qui est aussi l'un des plus beaux de la pensée mystique chinoise antique. Or l'auteur ne s'y montre pas tendre avec les « saints » personnages qu'il voit autour de lui se réclamer du Sage. Pour mieux les ridiculiser – et c'est paradoxalement le début d'une vraie gloire posthume pour Confucius – Zhuangzi fait référence au Maître; mais il use à plusieurs reprises de citations fausses, biaisées, sorties de leur contexte et donc caricaturales; finalement, il fait dire à Confucius le contraire de ce que ce dernier voulait sans doute exprimer. Car Zhuangzi reproche tout au Sage de Lu, et presque d'exister. Il déplore sa confiance dans l'emprise du langage, dénonce ses discours ratiocineurs, brocarde son manque de spontanéité et stigmatise ses efforts vains pour enfermer les êtres dans un système d'éducation

Les parois laquées des sarcophages ou le flanc des objets usuels découverts dans des tombes (ci-dessus) s'animent, à l'époque des Royaumes combattants, de représentations très mouvementées. Elles mettent en scène personnages (ici, un archer) et animaux dont les allégories relèvent de deux ordres : un très important fonds légendaire lié au taoïsme, et les rituels qui, eux, s'inscrivent davantage dans l'univers confucéen.

– c'est-à-dire d'autorité – contre nature ; Zhuangzi assimile toute forme d'encadrement normatif à du dressage dont il dénonce le caractère antiécologique et destructeur. L'attaque est rude. Confucius y survit cependant ; l'artisan de ce miracle est Mengzi.

Vers la reconnaissance : les optimistes et les pessimistes (IVe-IIIe siècle av. J.-C.)

Mengzi (Mencius, vers 370-289 av. J.-C.) passe sa vie à le démontrer : Confucius a raison ; c'est le Ciel qui fait agir l'homme de bien dont l'esprit de perfectionnement est louable. La morale trouvant ici son fondement, Mengzi formalise la pensée du Sage, jusqu'à donner corps à l'équation qui a tant fait pour la réputation des administrateurs chinois : l'homme de bien doit être porté au pouvoir. Mengzi définit ainsi le rôle social du « saint » qu'il libère des aléas de la naissance car les germes de bonté se trouvent universellement répartis dans le cœur des hommes ; le rôle du prince est précisément de les faire épanouir, grâce à l'enseignement. Ainsi, en se servant des propos à bâtons rompus que le vieux Maître échangeait avec ses disciples, Mengzi construit une théorie logique du bon gouvernement et du progrès.

À cette démarche optimiste s'oppose assez largement celle de Xunzi (vers la première moitié du IIIe siècle av. J.-C.). Lui aussi s'intéresse à la philosophie pratique, lui aussi estime que Confucius a raison, sauf sur un point, mais un point qui change tout : la nature humaine est incertaine, difficilement perfectible sauf à la soumettre au jeu implacable des lois. Dans l'État bien organisé, tel que l'imagine Xunzi, les théoriciens de la loi, les légistes, ont donc leur mot à dire. L'homme de bien doit gouverner, certes, mais aidé d'un procureur et d'un juge.

Les discussions théoriques peuvent avoir lieu lors de rencontres solennelles. Mais elles fusent souvent lors des banquets, quand le vin inspire les orateurs (page de droite, en haut, on aperçoit les petites coupes à oreilles, en laque, dans lesquelles on sert l'alcool). De nombreuses scènes de ce genre illustrent les briques funéraires des débuts de l'Empire.

L'unification (IIIe siècle av. J.-C.)

Au IIIe siècle avant notre ère, le pouvoir des Zhou s'est tellement effrité que le chaos en découle, jusqu'à faire naître son contraire : de vastes ensembles territoriaux. Le mouvement, qui s'amorçait déjà du temps de Confucius, s'accélère au fil des générations. Entre le Ve et le IIIe siècle, le nombre de « pays » (*guo*) reconnus à travers la grande Plaine centrale se réduit de plus d'une centaine à plusieurs dizaines, puis à sept, les « sept héros des Royaumes combattants ». Les noms en désignent aujourd'hui, d'une manière un peu vague, toujours les mêmes régions, ces lieux où Confucius a parfois trouvé refuge et tenté de mettre en pratique ses idées : le puissant Qi, bien sûr, mais aussi le Song, le Han, le Wei, le Zhao, aux confins septentrionaux de la grande Plaine, le Yan au nord, et le Qin, loin à l'ouest.

Plus le temps passe, et plus agissent les forces agglomérantes. Développer, moderniser, résoudre les difficultés, notamment la circulation – des eaux, des minerais, des meilleures céréales –, tout cela exige la centralisation, une gestion d'ensemble, la création d'un État conçu à l'échelle du continent. Cet État, pour qu'il joue son rôle régulateur, imposera sa loi aux régions ; celles-ci accepteront car elles ont déjà pris, sous l'autorité vacillante des Zhou, l'habitude de reconnaître collégialement l'hégémonie du plus fort. Quant à l'unité culturelle, elle se fera aussi car elle est en gestation, et même

La vie de Mencius (ci-dessous) ressemble à celle de Confucius (page de gauche). Mencius naît non loin du Lu ; son père meurt

quand il a 3 ans ; il est élevé par sa mère, éducatrice hors pair. Jeune homme, il suit l'enseignement d'un disciple de Kong Ji (alias Zisi, vers 485-420 av. J.-C.), l'un des petits-fils de Confucius. Parvenu à la soixantaine, Mencius devient à la mode. Divers chefs de principautés font appel à lui. Il voyage d'un État à l'autre, calquant encore un peu plus son parcours sur celui de Kongzi.

proche de la maturité : depuis plus d'un millénaire, les pays de la grande Plaine suivent une évolution parallèle. Tous respectent des rituels, expriment une conception de l'univers, utilisent une forme de communication – l'écriture – sinon identiques, du moins comparables. Pour que le mouvement devienne irréversible, il suffit qu'un bon général s'entoure d'habiles organisateurs.

Le Premier Empire (221-206 av. J.-C.), ennemi de Confucius

L'artisan s'en révèle au IIIe siècle avant notre ère. C'est le prince de l'État de Qin ; son plus cher projet est sa grandeur, son angoisse l'immortalité. La force de ses armées, la discipline implacable qui les structure et un sens incontestable de l'organisation politique assurent la victoire irréversible de la principauté de Qin. Il devient le Premier Empereur, Qin Shihuangdi (règne : 221-210 av. J.-C.). Il impose par la terreur sa conception d'un État unitaire que servent des intellectuels, visionnaires ou illuminés, œuvrant pour le triomphe de l'unification, de la standardisation. D'une certaine façon, et dans la mesure où, du chaos, ils font naître un indéniable équilibre, ils pourraient apparaître pour les disciples lointains de Confucius. Mais si quelque chose des « Entretiens » parvient à leurs oreilles, c'est à travers le regard pessimiste de Xunzi ; et il y a beau temps que les conseillers de l'empereur – partisans de la norme en toutes choses et de la coercition – ne croient plus aux valeurs de la vertu d'humanité. Ils en sont même arrivés au point de non-retour,

Sa vie durant, le Premier Empereur ne cesse de chercher l'immortalité. Il apporte le plus grand soin à l'élaboration de sa tombe monumentale dont le tumulus s'élève à Lintong (Xi'an). Sima Qian en décrit les splendeurs, les horreurs – des centaines d'artisans, ouvriers, architectes et concubines emmurés vivants – puis le pillage et l'incendie par le fondateur de la dynastie des Han (206 av. J.-C.). La sépulture elle-même n'a jamais été fouillée, mais l'extraordinaire armée de soldats en terre cuite, grandeur nature (ci-dessous), découverte en 1974 en sa périphérie, confirme l'authenticité probable du récit.

rejetant la tradition en général et la tradition confucéenne en particulier : elle ne vaut rien, les philosophes encore moins. En 213 avant notre ère, l'empereur et son ministre Li Si, exaspérés par les critiques de ceux qui se recommandent de Confucius et de Mengzi, ordonnent de brûler tous les livres (sauf les ouvrages techniques ou médicaux), de proscrire la culture des *shi* et, rapporte la tradition, d'en tuer plusieurs centaines. Obsédé de son autorité, occupé à chercher sans fin les recettes d'une médecine fantasmagorique, le Premier Empereur persécute les lettrés. Il leur reproche leurs discours à la fois théoriques et terre à terre. Il favorise les taoïstes – ou du moins ceux qui, pour lui plaire, réduisent ce grand courant de pensée mystique à la recherche obsessionnelle de la longévité.

L'autodafé des livres (ci-dessus), ordonné en 213 par le Premier Empereur, devient pendant deux millénaires un thème littéraire et iconographique vengeur. En effet, même quand les taoïstes sont puissants à la cour, les annalistes chargés d'écrire l'histoire de l'Empire sont confucéens. À la destruction des livres s'ajoute, en 212, l'exécution de plusieurs centaines de lettrés ensevelis vifs (à droite dans l'image). Un texte postérieur raconte que, invités à descendre dans une fosse regarder une citrouille extraordinaire, les victimes eurent à peine le temps de comprendre le piège. Des machines auraient déversé sur eux un flot de terre.

Sous les Han (206 av. J.-C. - 220 apr. J.-C.), les lettrés se rendent indispensables

Le Premier Empire, cependant, dure le temps d'un feu de paille, quinze ans. Voici qu'un nouveau chef de guerre mène la danse de rébellion. Les enfants de Qin Shihuangdi sont balayés et Liu Bang capte son héritage. Il fonde une nouvelle dynastie unitaire et impériale qu'il nomme en référence à son pays d'origine : le Han.

Pour les hommes de Confucius, l'espoir le cède aussitôt à la terreur, encore une fois. Tout va plus mal que jamais : les nouveaux princes se laissent eux aussi bercer de rêves d'immortalité, entretenus par ceux que la tradition lettrée présente comme des charlatans. Les groupes taoïstes tiennent le haut du pavé dans une cour de parvenus et jouent habilement du fait que les Han détestent les lettrés et leurs grands airs savants. Deux générations passent ; le succès des taoïstes aussi. Comme jadis, le pouvoir, bientôt, ne peut se passer des lettrés.

Han Wudi (règne : 140-87 av. J.-C.), le plus célèbre, sans doute, des empereurs Han, saute le pas : il faut se démarquer des Qin dont on garde en mémoire la cruauté honnie. L'un des moyens les plus efficaces pour y parvenir serait de rétablir le rituel des Zhou dont chacun s'accorde à vanter « l'humanité » légendaire, bafouée, justement, par des despotes comme le Premier Empereur. Or les spécialistes des rituels anciens se trouvent chez les lettrés. Han Wudi se tourne alors vers un maître : Dong Zhongshu (vers 195-115 av. J.-C.).

Celui-ci est un homme prudent. Connaissant bien les consignes de survie dans les milieux gouvernementaux, il s'avance masqué. Abritant ses idées derrière le bouclier d'un Confucius idéal dont l'antiquité constituerait un gage de sagesse, il réinvente la tradition du vieux Maître. L'appui de Wudi lui permettra d'en faire la théorie fondatrice dont l'Empire manque cruellement : une conception presque religieuse du pouvoir, définissant les liens que le souverain doit entretenir avec l'ordre cosmique, le Ciel, dont il est à la fois l'agent et le représentant.

« Le Fils du Ciel avait dans le char d'apparat les nattes de jonc pour satisfaire son corps ; [...] ; le bruit des clochettes était destiné à satisfaire ses oreilles ; les neuf festons de l'étendard rouge orné de dragons servaient à l'accréditer [auprès du peuple] ; les rhinocéros couchés et les tigres uniques [peints sur les roues des chars], les caparaçons sur lesquels étaient représentés des requins, les dragons qui formaient les extrémités [du joug], étaient ce qui entretenait son prestige. »

Sima Qian, *Mémoires historiques*, III

Au code binaire réglant tout ce qui existe – le ciel et la terre, le soleil et la lune, la lumière et l'ombre, le masculin (*yang*) et le féminin (*yin*) –, il ajoute les vertus qui, en binôme aussi, font tourner la société : la loyauté (*zhong*) des sujets et la piété filiale (*xiao*) liant les générations au sein des familles.

Dong Zhongshu plonge aussi dans l'œuvre de Mengzi, ou dans ce qu'il croit pouvoir en reconstituer, à partir de la tradition orale. Impossible, en effet, de se référer à des écrits anciens, qui ne circulaient plus ou très peu avant même l'autodafé des livres

Face au cérémonial des dignitaires dans leur char et leur demeure (ci-dessus), certaines représentations les montrent contemplant des spectacles d'acrobates (ci-dessous), que Kongzi critiquait.

en 213 avant notre ère. Les lettrés travaillent donc patiemment, exploitant au mieux la mémoire des vieillards; la légende dit aussi qu'un manuscrit réapparaît un jour miraculeusement, exhumé de la cachette où quelqu'un l'avait déposé jadis, dans un mur de la maison des Kong. Ainsi naissent ou renaissent les textes en passe de devenir canoniques : le *Daxue* (« La Grande Étude »), le *Lunyu* (les « Entretiens »), le *Mengzi* (les écrits du « Maître Meng ») ainsi que le *Zhongyong* (« L'Invariable Milieu »).

Et pourtant, rien n'est gagné. Wudi se lasse. Dong Zhongshu termine sa vie en exil. Le fantôme de Confucius s'effiloche avec lui, mais les lettrés ne renoncent pas. Ils font parler d'eux, affichent leurs querelles académiques entre partisans des versions « anciennes » ou « modernes » des textes classiques; ils invitent les légistes à débattre solennellement sur des sujets d'une brûlante actualité politique ou économique – comme les monopoles du sel et du fer, par exemple, sujet, en 81 avant notre ère, d'un débat qui résonne encore. Un demi-siècle après la mort de Han Wudi, et presque quatre-vingt-dix ans après celle de Dong Zhongshu, les lettrés finissent par triompher.

Le culte du Ciel ou la Vertu contrôlant le Pouvoir

La scène se passe, dit-on, un jour de l'année 31 avant notre ère. L'empereur Cheng (Chengdi) se montre extrêmement contrarié : il vient de recevoir la confirmation que des cultes locaux et des pratiques étranges, abandonnés aux mains de médiums (*wu*) peu recommandables à ses yeux, se multiplient de toutes parts à travers l'empire. Or ses maîtres lui ont toujours appris qu'une situation de cette nature avait jadis conduit

Une tradition, héritée de l'Antiquité, veut que les souverains rendent hommage au Ciel (page de droite, un disque *bi* datant des Han), chaque année, par un sacrifice au Ciel complété par un second sacrifice à la Terre (sacrifices *fengshan*). Les plus solennels sont pratiqués au sommet et au pied du mont Taishan. Cependant Sima Qian remarque déjà que ce rituel, par nature essentiel, n'a été accompli que très irrégulièrement au mont Taishan. Certains souverains disaient ne pas en être dignes, d'autres s'affolaient d'avoir constaté des présages défavorables. D'autres encore se trouvaient confrontés à des intrigues violentes entre les confucéens et leurs opposants.

Le fonctionnaire (page de droite) attend les ordres. L'exorciste (ci-contre) devait brandir des branches de pêcher pour éloigner les maléfices.

à la disparition des Zhou, par dilution de leur identité dont les rites constituaient le signe le plus universellement visible. Chengdi suppute le danger, très grave. La décision s'impose dont les effets allaient durer presque deux millénaires : afin d'assurer l'unité du pays, de son peuple et des liens de ce dernier avec son empereur, Chengdi institue la pratique unique d'un ensemble de cultes d'État – le culte du Ciel – qui exprimera la corrélation liant gestion de l'Empire et celle de l'univers.

Les lettrés exultent : ils chassent les prêtres taoïstes, les magiciens, les vendeurs d'espoirs irraisonnables. Bien plus encore : en se déclarant seuls aptes, en arguant de leur connaissance des textes, à juger des avancées ou des reculades du souverain sur le chemin malaisé de la vertu, ils s'érigent en censeurs. De fait, ils se donnent un droit théorique de regard sur le chef du pays. Leur pensée – la Vertu contrôlant le Pouvoir – va donc construire l'État, ainsi qu'inspirer la conduite des administrateurs et offrir des modèles de comportements privés aux familles.

Le choc bouddhique (IIIe-VIIe siècle)

Au Ier siècle de notre ère cependant – cent ans à peine après que l'on eut institué le culte du Ciel – l'Empire se porte mal. La crise économique – les théoriciens de tous bords n'y apportant que des remèdes illusoires – finit par provoquer la chute des Han (220). La Chine se scinde en trois, puis se réunifie (265-317), puis éclate de nouveau en de multiples royaumes. Ces régimes régionaux, assez stables ou éphémères, dureront jusqu'en 589. Beaucoup de lettrés trouvent avec difficulté des postes au sein de ces administrations : ils y ont perdu leurs marques. Afin de survivre, ils cherchent, parfois toute leur vie, un abri physique dans les campagnes et un asile moral dans la poésie, l'écriture. Ils apprennent à vivre en lettrés, mais en liberté, loin des charges officielles. Comment servir un ou des États que dirigent des souverains souvent ignorants, venus d'ici ou d'ailleurs, et dont le pouvoir n'a pas de pleine légitimité ? Aucun d'entre eux n'a reçu du Ciel un mandat comparable à celui des Han, autrefois : un mandat que même les Han, justement, ont fini par perdre.

Dans ce climat d'incertitude, les angoisses de toujours ressurgissent : celles, personnelles, dont personne n'ose parler et qui rongent les cœurs. Pourtant certains disent qu'il existe un remède, venu d'un pays d'Occident. On raconte en effet qu'un moine, monté sur un cheval blanc, est venu, au terme d'un long voyage, offrir à l'empereur Ming (Mingdi) des Han, en 68 de notre ère, les textes de sutras dont le souverain avait, plusieurs années auparavant, lancé la quête à la suite d'un rêve prémonitoire. Heureux du succès de la mission, qui ramenait en plus avec elle deux religieux, Mingdi fit ouvrir à Luoyang,

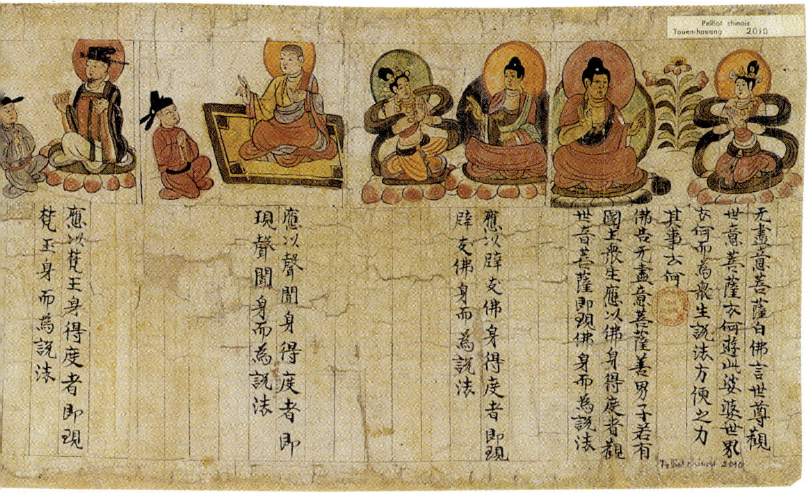

la capitale d'alors, une communauté où des savants polyglottes, issus d'Asie centrale, commencèrent à traduire les textes indiens en chinois. Ainsi naquit l'atelier de traduction du « Temple du cheval blanc » (Baimasi).

Quelques générations plus tard, ces travaux ont pris une telle ampleur qu'ils provoquent dans la société savante chinoise – confucéenne ou taoïste – une réflexion à la fois dévastatrice et créatrice.

Des mots pour des idées nouvelles

Tout passe à son crible : la langue, le savoir, les fins dernières du monde et de l'homme. On discute et se dispute sans fin. Comment échapper à l'angoisse de la mort ? Qu'est-ce que l'Illumination dont parlait cet homme qui serait devenu le Bouddha ? Le néant indien peut-il être rendu par l'« indifférencié » (*wu*) taoïste ? Le nirvana se confond-il avec le paradis des immortels taoïstes ? Qui peut y parvenir et comment ? Graduellement (*jian*), par paliers, en étudiant les textes, comme les confucéens le conseillent depuis si longtemps ? Ou subitement (*dun*), d'une manière globale et sous l'effet d'une grâce venue d'ailleurs – le mérite du sujet

Le bouddhisme introduit en Chine le principe de l'icône consacrée, notamment sur des stèles aux formes diverses et souvent travaillées en haut relief (page de gauche). Il se sert aussi abondamment de l'art des rouleaux peints sur soie ou sur papier. L'utilité reconnue de ces derniers était, dès les premiers siècles de l'Empire, de donner à voir les comportements corrects. C'est pourquoi Kongzi appréciait, disait-on, la peinture. Plaçant en regard ou imbriquant étroitement le texte et l'image (ci-dessus), les rouleaux enluminés servent également à rendre compte des subtilités de l'enseignement bouddhique.

étant alors de créer en lui les conditions de son apparition ? Les gens de Chine du Sud inventent les « conversations pures » (*qingtan*), sans contrainte, loin de tout engagement social : des discussions aussi subtiles que savantes, mettant en valeur les innombrables facettes de tempéraments différents.

Les Chinois s'ouvrent aux religions étrangères, aux modes de vie nouveaux qu'elles impliquent. Sur les pistes du désert, à l'occident de l'empire, moines, négociants, artisans persans et sérindiens à la recherche d'un travail, ou d'un lieu pour y prêcher ou s'établir, leur apprennent les systèmes de l'autre versant du vieux monde.

Le mouvement se fait aussi en sens inverse. Le personnage qui l'incarne le mieux est un moine chinois, Xuanzang (602-664), héros légendaire d'un interminable périple (629-645) en quête des écritures.

Avec les Tang, le retour de Confucius

Les Tang (618-907), dans le sillage des Sui (581/589-617), conduisent le pays à un prodigieux développement territorial. Les campagnes militaires – vers la Corée à l'est et l'Asie centrale à l'ouest – assurent à la Chine sa plus vaste expansion jamais réalisée sur cet axe. Sur l'autre – l'axe nord-sud – les mouvements s'accélèrent plus encore, mais ils sont d'une autre nature. L'aménagement du

Sur les routes du désert, pèlerins ou commerçants, hommes ou animaux souffrent tout autant : il ne faut pas se fier à la luxuriance des oasis qu'irriguent, au pied de la haute chaîne du Tianshan (au nord du désert du Taklamakan), les eaux de la fonte des neiges. Les lieux sacrés doivent nécessairement se situer à l'écart de la foule. Qui veut, par exemple, se rendre de la prospère oasis de Dunhuang jusqu'aux lieux encaissés et sablonneux où les moines se sont installés, doit affronter 25 kilomètres de marche dans un interminable espace sombre, caillouteux, où des pluies brèves, mais violentes, succèdent aux vents que nul relief n'arrête. Pour se protéger, les marcheurs se servent de leurs longues manches.

Grand Canal (vers 600) facilite le transport des céréales – notamment celles qui servent à payer les fonctionnaires – depuis les terres rizicoles de Chine méridionale, jusqu'à Xi'an (alors nommée Chang'an), la capitale de la Chine réunifiée.

Dans ce tohu-bohu intellectuel et politique que provoque le bouddhisme, le Sage du pays de Lu paraît un peu oublié, confiné dans les bureaux sans gloire ni perspectives exaltantes des commis de l'administration. Son heure revient cependant : dès 587, quand l'empereur Wen (Wendi) des Sui – qui n'a pas encore reconquis l'ensemble du pays – s'interroge à son tour sur le recrutement des agents de l'État – ceux que les Occidentaux appelleront les mandarins – et tente un premier essai du système des examens.

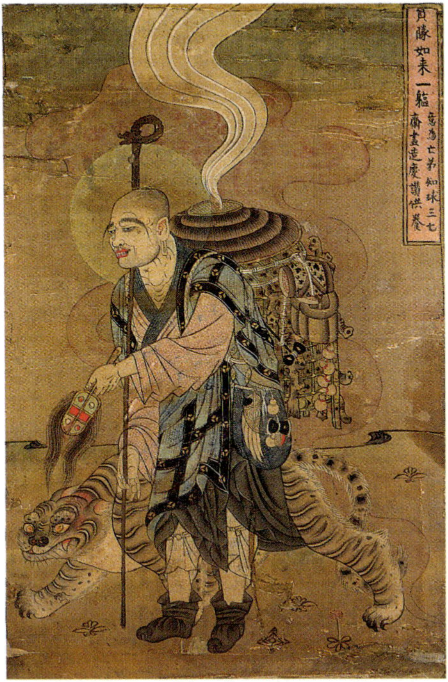

Xuanzang (ci-dessus) exprime bien la soif d'indianisation qui animait les moines chinois du début des Tang. Afin de rapporter les meilleurs textes originaux du bouddhisme, il entreprend un périple de seize ans : de Chine occidentale en Inde, sur les routes du désert, puis d'Inde en Chine, par voie maritime, en suivant les côtes de l'Asie du Sud-Est. Une fois de retour dans l'empire, il consacre le reste de ses jours à traduire ces textes.

Au long du VIIe siècle, les empereurs Tang poursuivent épisodiquement l'expérience. Comme autrefois au début des Han, et pour les mêmes raisons, il faut redéfinir un programme et un corpus de textes adaptés à l'évolution récente du savoir. Cependant, l'enseignement du Bouddha, pas plus que les joutes des moines intellectuels – pleines de finesse, mais dénuées d'applications pratiques immédiates – ne peuvent y trouver leur place. Les textes confucéens, en revanche, en constituent la base, car ils sont riches de données directement adaptables à la vie pratique.

Les lettrés, les *ru*, y regagnent peu à peu leur entregent. D'ailleurs, pouvait-il en aller autrement ? Les partisans de la pensée confucéenne, les taoïstes et les bouddhistes animent certes des réseaux d'influences antagonistes, mais les uns comme les autres appartiennent à la même société – celle de l'élite instruite. Les invectives, les pamphlets, les luttes de pouvoir parfois féroces, ne doivent cacher, pas plus en Chine médiévale qu'ailleurs et dans d'autres temps, l'homogénéité culturelle d'une classe politique souvent prête à changer de camp, parce que les options proposées représentent les aspects complémentaires d'un même ensemble. Et le long détour des intellectuels chinois par le bouddhisme finalement revigore l'enseignement du vieux Sage.

Dès le VIIe siècle, Kong Yingda (574-648) se voit officiellement chargé de redéfinir et de commenter le vrai sens des Cinq Classiques confucéens. Il applique ainsi à ces textes les méthodes de critique et d'interprétation mises au point pour aborder, depuis trois cents ans déjà, les canons bouddhiques. Mais il faut attendre encore près de cent cinquante ans pour qu'un haut fonctionnaire et grand lettré, Han Yu (768-824), ose exprimer sans ambages sa lassitude des formes de pensée issues des idéologies étrangères. Prônant le retour vers l'écriture « à l'antique » et les valeurs d'un passé glorieux dont Confucius devient le meilleur symbole, Han Yu se trouve à ce moment en plein accord avec son temps.

Le monde change, la philosophie aussi : les artisans de la synthèse moderne

Lorsque les Tang perdent le mandat du Ciel (907), l'empire semble devoir s'effondrer, une fois encore, dans un chaos durable. En fait, la fragmentation du pays – sans doute parce qu'elle n'a plus de sens, ni économique, ni politique – dure à peine plus d'un demi-siècle. En 960, une nouvelle dynastie – les Song – prend le pouvoir. Ces gens sont des hommes de bonne volonté. L'esprit d'unité, plus encore que d'unification, règne partout ; on aime les systèmes. Non seulement les lettrés se lancent à la quête d'une théorie qui synthétiserait tout l'existant, mais ils en tirent les conséquences pédagogiques. Dans l'esprit des écoliers, et jusqu'à

Dès le Ve siècle puis sous les Tang, la piété filiale (ci-dessus, estampage d'une inscription des Tang) trouve un écho dans certains récits merveilleux issus du cycle bouddhique. C'est à travers l'évocation de la piété filiale que se forme peu à peu, dans les couches populaires, une synthèse simple entre bouddhisme et confucianisme.

la fin des examens mandarinaux, c'est-à-dire pendant un millénaire, les Song resteront associés au programme scolaire. C'est en effet sous leur égide que s'est faite la dernière refonte des Classiques, celle que nous désignons sous le terme de « néo-confucianisme ». En chinois, on parlait de l'école du Principe (*lixue*), celui qui fait tourner le monde : elle allie comportementalisme confucéen et sens du cosmique propre au bouddhisme comme au taoïsme.

L'une des limitations majeures du confucianisme tenait à ce que le Maître, comme chacun sait, avait toujours refusé d'évoquer l'au-delà de la vie présente.

Si les empereurs (ci-dessus) sont d'abord liés à la pensée confucéenne, ils n'en montrent pas moins de l'intérêt pour le bouddhisme qui, sous les Tang, se sinise et donne naissance à des écoles originales. Celles-ci connaîtront un grand succès jusqu'à ce que prime la politique de retour vers les valeurs et les cultes nationaux au IXe siècle.

Le recrutement des fonctionnaires par le biais d'examens s'organise très lentement au fil des dynasties depuis le VIIe siècle. Sous la dynastie mandchoue des Qing, le système est, dès 1656, parfaitement rodé, les examens les plus prestigieux ont lieu tous les trois ans dans la capitale (page de gauche). Ils permettent d'attribuer aux meilleurs le grade de *jinshi*, « docteur », et de leur proposer les postes mis au concours (ci-contre, les étudiants attendant leurs résultats). Les épreuves suivent des règles strictes – la première étant l'anonymat des copies – et servent à calibrer une administration conforme aux vœux de la dynastie régnante. Pour servir encore mieux ces buts, les Qing entreprennent (1772-1782) la réalisation d'une encyclopédie, le *Siku quanshu* : prodigieux répertoire de la production chinoise depuis les textes mis au point par Confucius. C'est aussi l'occasion de souder, à travers la définition de ce corpus, les dirigeants mandchous et les administrateurs-lettrés chinois (pages suivantes, deux fonctionnaires en tenue d'apparat, et un lettré chez lui).

十六世
磐石公像

Chacun s'en consolait comme il pouvait en pratiquant le culte des ancêtres. Une autre faiblesse – aux yeux des intellectuels cette fois-ci – venait de l'incertitude de la tradition textuelle instaurée sous les Han : une incertitude bien gênante, lorsqu'il s'agit de dire où est le bien, où est le mal ; les philologues des siècles précédents l'avaient répété, au fil des générations.

C'est donc en invoquant l'esprit même de Confucius qu'Ouyang Xiu (1007-1072), un très grand historien qui exerce aussi la charge de Premier ministre, passe les textes au crible d'une critique sans *a priori* et finalement conteste que le *Yijing* eût été rédigé par Confucius. Aujourd'hui, une telle constatation peut laisser froid ; à l'époque, il s'agissait de rien moins que risquer l'explosion du canon fondateur, en remettant en cause l'authenticité de l'un de ses éléments. Et Ouyang Xiu n'a rien d'un illuminé isolé.

D'autres érudits – Zhou Dunyi (1017-1073), Shao Yong (1011-1077), Zhang Zai (1020-1076) – ainsi que deux frères, par le sang et par la philosophie – Cheng Hao (1031-1085) et Cheng Yi (1032-1107) –, s'inscrivent dans le même mouvement. Rejetant une version, acceptant l'autre, construisant un système d'argumentation, ils dessinent à traits fermes et explicites le profil jusqu'alors incertain du Maître que, depuis l'époque des Tang, les écoles d'État et les académies semi-privées (*shuyuan*)

présentaient en guise de modèle insurpassable, mais sans pouvoir le cerner.

Ces textes appelés à former la base du savoir – et dont on estampe la version autorisée sur des stèles dressées dans les lieux officiels – vont aussi, peu à peu, se diffuser grâce à l'imprimerie sur planches xylogravées.

Confucius pour les savants et pour les esprits simples : les « Quatre Livres »

En 1125, un peuple non chinois, les Jurchen, envahit la Chine du Nord, capture l'empereur Huizong et le laisse mourir en captivité. Le gouvernement pare au plus pressé, s'enfuit, quitte la vallée du fleuve Jaune et trouve la force de se reconstituer dans le bassin du Yangzi : ainsi commencent les Song du Sud (1127-1279). Leur histoire est faite d'incessantes opérations militaires, de vains espoirs de reconquête, d'une fin terrible sous les coups des troupes mongoles, mais aussi d'incomparables réussites sociales, économiques et artistiques. La Chine qu'admira tant Marco Polo n'était pas, malgré ses dires, celle des Mongols, mais bien celle des Song du Sud.

Le désarroi spirituel qui suit l'écroulement des Han (220) fait, sous les Tang, germer l'idée que les « trois enseignements » (*sanjiao*) – taoïsme, confucianisme, bouddhisme – « ne font qu'un » (*heyi*) car ils représentent divers aspects d'une même vérité (page de gauche, en bas, représentation satirique de Confucius, Bouddha et Laozi). Cette cohabitation connaît un grand succès sous les Song (page de gauche, en haut, un portrait de Confucius datant de l'époque Song). Lors de la conquête mongole, à la fin du XIIIe siècle, puis sous les Ming (1368-1644), les classes populaires comme les intellectuels trouvent, chacun à leur manière, refuge dans cette démarche globalisante.

Ci-dessus, la « Forêt des Stèles » de Xi'an est la plus connue de Chine. Elle a été créée en 1087 afin d'abriter les « Classiques sur pierre », gravés sous les Tang (en 837). Les candidats aux examens venaient y pratiquer des estampages pour obtenir la bonne version des œuvres de référence.

Il faut cependant que passe une génération pour que se pose de nouveau la question de Confucius et du programme des examens. C'est alors qu'entre en scène l'un de ces hommes d'État dont rêvait le vieux Maître : Zhu Xi (1130-1200), homme d'action, fonctionnaire et philosophe. Comme le Sage et pour les mêmes raisons – sa rigueur morale et son goût de la vérité – il connaît une carrière difficile.

Dans un premier temps, tout se passe bien : Zhu Xi s'intéresse au problème récurrent du recrutement des fonctionnaires, à sa modernisation, aux examens et propose de mettre au programme les « Quatre Livres » en s'appuyant sur les travaux des philologues et philosophes du siècle précédent. Les « Entretiens » (*Lunyu*) constituent le premier, le second (le *Mengzi*) contient la synthèse de Mengzi, le maître éponyme ; s'y ajoutent deux chapitres extraits du « Traité des Rites » (*Liji*) : « La Grande Étude » (*Daxue*) et « L'Invariable Milieu » (*Zhongyong*). Afin de faciliter le travail pédagogique, les textes sont également réécrits sous diverses formes scolaires. Pour les petits, garçons et filles, et pour les femmes, on en publie des versions simplifiées que les enfants et leurs mères apprennent par cœur. Chacun espère ainsi acquérir en même temps le style, la langue, les règles du bon comportement et l'écriture, en mémorisant des caractères organisés en poèmes, maximes ou comptines de trois caractères faciles à retenir.

Mais loyauté et faveur impériale ne font pas toujours bon ménage : chassé de l'administration, le ministre-philosophe trouve refuge dans la province du Jiangxi. Il y ouvre une académie devenue célèbre,

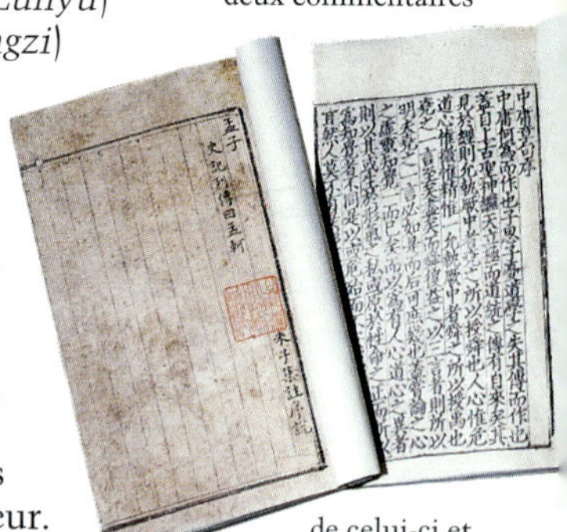

Wudi des Han est le premier à choisir les textes de Kongzi pour socle du gouvernement. Mais il est impossible de retrouver le *Yuejing* (musique), brûlé sous le Premier Empereur ; il n'y a donc que cinq Classiques : le *Shijing* (poésies), le *Shujing* (documents historiques), le *Liji* (rites), le *Chunqiu* (« Printemps et Automnes »), le *Yijing* (mutations). Deux siècles plus tard, on place aussi sur la liste le *Xiaojing* (piété filiale) et le *Lunyu*. Le nombre monte à douze sous les Tang en rendant indépendants certains passages du *Liji* et du *Chunqiu*, auquel on ajoute deux commentaires de celui-ci et un ancien dictionnaire (le *Erya*). Sous les Song, on y accroche le *Mengzi* ; il y a donc treize Classiques. À partir de ces textes, Zhu Xi (à gauche) définit les « Quatre Livres » (ci-dessus) à mettre au programme des examens.

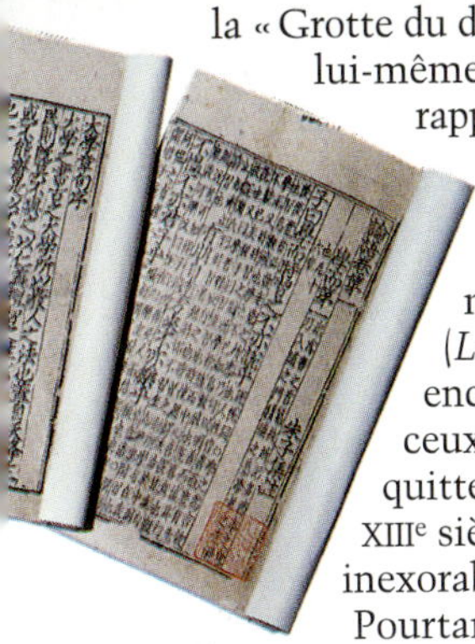

la « Grotte du daim blanc », s'appliquant à lui-même un propos de Confucius rapporté dans les « Entretiens » : « Sois toujours d'une bonne foi rigoureuse, consacre-toi à l'étude, préserve la Voie, même au prix de ta vie » (*Lunyu* VIII, 13). Une fois encore cependant, Confucius et ceux qui œuvrent pour lui doivent quitter le devant de la scène : le XIIIe siècle est celui de la lente mais inexorable avancée étrangère. Pourtant le triomphe des philosophes viendra, et justement avec les Mongols : en 1313, l'empereur Renzong des Yuan (la dynastie fondée par les Mongols en 1279) ordonne par décret d'inscrire les « Quatre Livres » et les commentaires de Zhu Xi au programme des examens permettant de recruter les agents de l'État. Le système fonctionnera jusqu'en 1905.

À côté des élites occupant les postes de la haute administration, il existe tout un monde de lettrés moins huppés ou modestes, aux fonctions beaucoup moins prestigieuses, sans compter ceux qui ne font jamais carrière. Reconnaissables à leur bonnet de tissu laqué et à leur longue robe (comme le personnage à cheval ci-dessus), ils n'en bénéficient pas moins du respect des populations qui, paysannes ou citadines, admirent leur culture tout en moquant à l'occasion leur impécuniosité confinant parfois à la misère.

Au sein des pires situations, le confucianisme reste une composante indéracinable de la culture chinoise. Les festivités du cinquantenaire de la République populaire de Chine, qui à l'époque de Mao était violemment hostile au Maître, le prouvent : en octobre 1999, les autorités chinoises organisent, avec le soutien de l'Unesco, une série de manifestations destinées à mettre en valeur le patrimoine national ; contre toute attente, Confucius réapparaît comme un héros.

CHAPITRE 5

LES RISQUES DU SUCCÈS

Le plus universellement connu des héros chinois constitue un sujet de choix pour les artistes populaires d'aujourd'hui : ses images de plâtre ou de plastique peint (page de gauche, à Singapour) accueillent les visiteurs des temples que l'on rouvre en son honneur, et de très nombreuses bandes dessinées racontent son histoire (ci-contre).

De l'Extrême-Orient à l'Europe, la conquête mongole brise les frontières. Les Chinois font l'expérience de l'occupation. L'identité nationale, entrant en résistance, s'en trouve renforcée. Dès le milieu du XIVe siècle, des sociétés secrètes, comme le groupe des « Turbans rouges », lancent la révolte en Chine centrale ; quinze ans plus tard, les Mongols ne gouvernent plus la Chine ; la dynastie des Ming reçoit le mandat du Ciel (1368).

Tous les êtres portent en leur cœur un germe de vérité

Les nouveaux maîtres sont des hommes à poigne ; ils font régner l'ordre. Ils reprochent aux anciennes élites les pires démissions et leur font porter la responsabilité des catastrophes climatiques – des signes du Ciel ! – survenues sous les Mongols. Une génération à peine passée, cependant, les *ru*, comme toujours, refont surface. Néanmoins, ils ne sont pas seuls à prétendre au pouvoir. Les groupes de pression taoïstes veillent au grain, tandis que les eunuques de la cour s'immiscent dans les affaires.

Il règne dans les hautes sphères un climat délétère. Les meilleurs lettrés se sentent mal à l'aise ; ils payent parfois très cher leur franc-parler et leur devoir de remontrance. Wang Yangming (1472-1529), brillant lauréat des examens, se voit ainsi exilé pour avoir pris parti contre un eunuque. Cet accident de carrière donne au confucianisme un nouveau maître à penser. Relégué très loin du soleil impérial, Wang Yangming perçoit en effet (1503), au contact de ses modestes administrés, dans les marches occidentales du pays, en quelle universelle mesure il existe au cœur de chaque être, quel qu'il soit – homme, animal ou plante – une « conscience morale innée ». Mencius en parlait déjà dans

D'une province à l'autre, les temples de Confucius s'adaptent à l'architecture régionale qui traduit une sensibilité différente – sobre dans le Nord, exubérante dans les régions méridionales (ci-contre). Celle-ci se manifeste parfois aussi dans les rituels. Mais les fondements de ces derniers demeurent universels, tout comme la pratique de structurer les lieux en trois parties consacrées respectivement à la réception, aux réunions et aux tablettes des ancêtres.

Depuis l'époque des Tang (618-907), les tombes livrent des images de fonctionnaires civils et militaires allant par paires (page de gauche), le vêtement définissant la fonction de chacun. Les deux travaillent en étroite collaboration, le second demeurant toujours soumis à l'autorité du premier. Et si le gouvernement impérial a tenté plus d'une fois de favoriser, dans les zones frontalières à risque, l'implantation de modestes familles de « soldats-laboureurs », dont la fonction comme le statut étaient héréditaires, la constitution d'une véritable noblesse d'épée, pourvue de prérogatives particulières, n'a jamais été admise.

un passé très ancien; et les moines bouddhistes de l'époque des Tang avaient considérablement affiné la notion. Wang Yangming, lui, l'adapte à son temps et la développe, avec l'enthousiasme qu'il met en toutes choses, dans une perspective confucéenne.

Ces graines d'esprit démocratique – les germes du talent sont prêts à fructifier en chacun – s'accordent mal, alors, aux principes de l'administration. En 1579, le gouvernement prend peur, abolit les écoles privées se réclamant du philosophe dont les partisans quittent la capitale et courent se réfugier à Nankin : dans ces régions méridionales, traditionnellement plus spiritualistes et indépendantes que le Nord, les intrigues de cour ont moins de prise.

Cette fuite éperdue vers le sud est importante : elle marque le début d'une régionalisation du confucianisme vivante et même revivifiée aujourd'hui.

Le bon confucéen est un homme d'action, et même un homme engagé

Les lettrés le prévoyaient depuis longtemps : en 1644, non seulement les Ming s'effondrent, mais ce sont de nouveau des étrangers – des Mandchous – qui s'arrogent le trône. Ils prennent pour nom dynastique « Qing » (la « pureté »). Les Chinois ont-ils vraiment perdu le mandat du Ciel ? Les patriotes tentent une résistance, longue, violente et désespérée. Parmi eux se battent les « Trois Grands Confucéens » comme on les appelle : Huang Zongxi (1610-1695), Gu Yanwu (1613-1682) et Wang Fuzhi (1619-1692). Puis, quand l'espoir n'est plus de mise, ils se terrent en province, dans le Sud comme toujours : Huang Zongxi au Zhejiang, Gu Yanwu non loin de Nankin et Wang Fuzhi au Hunan.

Leur refuge est un monde d'idées, un passé glorieux où se cache la source d'un possible renouveau. Ils s'efforcent d'analyser les causes de la catastrophe. Huang Zongxi prône le « retour à l'antique », rappelant que l'empereur est au service du pays et non le pays au service de l'empereur.

Son ami Gu Yanwu rejette l'héritage de Wang Yangming; il cherche la vérité à travers

Au cours des derniers siècles, le personnage de Confucius, dans l'iconographie courante, a surtout été assimilé à l'exercice des pouvoirs étatiques et de la fonction impériale (ci-dessus, en mandarin).

une rigoureuse étude philologique des Classiques et de leurs commentaires.

Wang Fuzhi suit une démarche comparable. En analysant les « Annales des Printemps et des Automnes », il tente d'y trouver des arguments pour légitimer le combat mené depuis sa jeunesse contre les Mandchous. L'époque est aux « études pratiques » servant à éclairer le « sens de l'Histoire ».

Le paradoxe de ces penseurs contestataires est qu'ils finiront à long terme par gagner la bataille de l'esprit : Kangxi (règne : 1662-1722) puis Yongzheng (règne : 1723-1735) et enfin Qianlong (règne : 1736-1796), les plus célèbres empereurs mandchous, ne tarderont pas à se poser comme les meilleurs protecteurs de la société confucéenne.

Il faut dire que la doctrine aligne des savants de première grandeur, comme Dai Zhen (1724-1777), un homme issu de la riche bourgeoisie négociante de Chine du Sud. Son ouverture d'esprit – y compris en matière de mathématiques de pointe, c'est-à-dire établissant des comparaisons avec les sciences occidentales – est immense. La recherche de l'exactitude fait pour lui partie intégrante de toute démarche morale : mieux, elle constitue la morale en mouvement, la pratique de la Voie.

Les penseurs chinois ont toujours estimé que l'ordre repose sur le bon fonctionnement de la triade « Ciel/Terre/Homme », les actions de l'un des acteurs se répercutant sur celles des autres. Ainsi, c'est l'Empereur qui lançait le cycle de la fécondité de la nature. Il ouvrait le premier sillon de l'année, après avoir amplement consulté les spécialistes du calendrier, afin de se placer en phase avec les phénomènes célestes (ci-dessous, l'empereur Yongzheng accomplissant la cérémonie de l'ouverture des sillons, peinture sur soie d'époque Qing).

L'historien Zhang Xuecheng (1738-1801), enfin, franchit le pas : il faut dépouiller les Classiques de leur gangue sacralisée. Tout ce qui vit produit de l'Histoire et les Classiques sont d'abord les témoins de divers moments de la vie des hommes.

Le confucianisme est-il une pensée ou une religion ?

Le XIXe siècle est un âge noir pour la Chine, parce que ses problèmes intérieurs s'amplifient au moment précis où les forces occidentales dominent les mers du monde.

Kang Youwei (1858-1927), célèbre et malheureux réformateur, et son disciple Liang Qichao (1873-1929) partent en campagne pour moderniser la société. Kang Youwei souhaite assimiler l'expérience occidentale – notamment en matière de sciences et de techniques ; mais il dit aussi que la Chine doit puiser en elle-même, dans ses traditions. Au Confucius racorni des images scolaires, il oppose la figure du Maître d'autrefois, avant les Song et Zhu Xi. Pour concurrencer l'islam et surtout le christianisme en pleine expansion missionnaire, il imagine Confucius sous les traits d'un saint inspiré. Il met ainsi en lumière la grande interrogation des penseurs chinois au tournant du XIXe et du XXe siècle : où s'arrête la philosophie ? où commence la religion ?

Si l'on prend en compte l'homme Confucius, tel que la tradition le dépeint, il s'inscrit dans une ligne de bon sens laïque et presque terre à terre. Il ne réalise pas de miracles, ne prétend jamais parler directement avec les âmes et encore moins avec

Les stèles se dressent partout : à la campagne, comme dans les villes. Elles se présentent toujours de la même façon et jouent un rôle comparable, même si les textes qu'elles portent couvrent les champs les plus divers : des Classiques confucéens aux identifications funéraires, en passant par le récit de faits remarquables survenus sur les lieux. Ci-dessus, dans le temple de Confucius, à Pékin, la liste des 51 624 lauréats des examens impériaux au fil des siècles.

les dieux ; il ne se présente même pas comme un savant, bien qu'il dépense beaucoup d'énergie pour le devenir. Son seul but affirmé est de restaurer la paix, dans un monde devenu fou, en s'appuyant sur l'expérience des sages.

La question apparaît cependant sous un autre jour si l'on s'interroge sur ce qui fait une religion. Deux conditions sont généralement considérées comme nécessaires : l'identification d'un absolu ; et l'accent placé sur la transformation de l'individu afin de lui permettre de l'atteindre. Or lorsqu'il évoque le « Ciel » agissant en dernier recours sur le destin des créatures, Confucius ne lui donne-t-il pas, à l'échelle humaine, la force d'un absolu ? Et quand il parle de la « vertu » qui doit guider la conduite des hommes, ne désigne-t-il pas précisément ce processus de transformation ? De plus, au fil des siècles, les Classiques finissent

Le renouveau du confucianisme en Chine même ou dans les communautés chinoises hors de Chine, depuis une vingtaine d'années, passe par une relance des cultes sous une forme populaire. Ce mouvement est particulièrement sensible dans le pays natal du Sage, à Qufu, où l'on n'a pas hésité à restaurer son sanctuaire autour d'une statue conforme à l'iconographie traditionnelle (ci-dessus).

par constituer un canon comparable aux sutras bouddhiques dont les développements religieux, en tout cas en Chine et au Japon, ne font aucun doute. Enfin, la grande révérence et la terreur qu'inspire au peuple, en Chine, toute expression du pouvoir – de l'empereur à son représentant régional – brouillent les pistes, tout comme le respect d'un rituel et de cérémonies dont nul ne peut savoir quelle valeur symbolique ou magique les participants leur accordent, au fond de leur cœur. Les intellectuels chinois le savent bien, qui se sont toujours méfiés des rites populaires, dénonçant leur déviance vers la superstition. Ils y opposent les rituels « corrects », qu'ils soient familiaux (*jiali*) ou d'État (*guoli*).

Les rites familiaux structurent la vie de la maison et des personnes qui y vivent. Ils comportent quatre cérémonies majeures : la prise du bonnet viril – la consécration de la majorité du jeune homme –, le mariage, l'enterrement et le culte des ancêtres.

Les rites d'État font régulièrement l'objet de mentions dans les textes de lois. Assumés à tous les niveaux par les représentants du gouvernement, ils suivent en principe les traditions des premiers souverains Zhou. Célébrés non pas en secret, mais le plus souvent hors de la présence du plus grand nombre, ils demeurent à travers les siècles à la fois profondément respectés, mais peu aimés du peuple. Ce dernier n'y comprend pas grand-chose, pas même la langue archaïsante qui est en usage.

Le gouvernement et la cour rendent régulièrement hommage à Confucius lors de cérémonies comme celle qui se déroule ci-dessus. Si les textes prononcés et les musiques jouées pour la circonstance sont spécifiques, les postures des participants – strictement debout ou, au contraire, prosternés front contre terre (*koutou*) – ne font que répéter une gestuelle universellement respectée dans la société chinoise pour exprimer l'obéissance.

Confucius, ennemi de la modernité ?

Le seul défaut, mais de taille, de la brillante synthèse réalisée sous les Song (XIe-XIIIe siècle) en conjuguant les « trois enseignements » chinois à visée salvatrice – taoïsme, confucianisme, bouddhisme – est, au bout du compte, l'intolérance, alors même qu'aucun des courants initiaux n'était sectaire dans son principe. Loin de la largeur de vues des grands esprits évoqués plus haut, les néo-confucéens ordinaires finirent en effet par se montrer autoritaires et exclusifs. Huit siècles plus tard, Confucius devait en sortir meurtri.

Les acteurs de la célèbre révolution littéraire du 4 mai 1919, dans la jeune République chinoise du début du XXe siècle, rendent Confucius responsable des malheurs du pays, depuis la mainmise des étrangers jusqu'à l'arriération des campagnes en passant par l'inadaptation de la langue classique – essentiellement écrite – à l'expression des valeurs utiles à la société moderne. Au temps de Mao Zedong – pour qui le Premier Empereur était un modèle – Confucius fait figure de réprouvé : il incarne plus que tout autre les iniquités d'un passé honni. À la fin du « règne » du Grand Timonier, le Petit Livre rouge remplace les « Entretiens ».

C'est évidemment au cœur de la vie familiale que s'exercent le mieux les effets de la « piété filiale » (*xiao*). La cérémonie traditionnelle du mariage (ci-contre) traduit beaucoup moins un engagement personnel des mariés que le développement d'une lignée assurant sa survie à travers sa descendance. C'est aussi l'un des moments où les jeunes époux expriment leur reconnaissance à leurs parents – qui ont arrangé les épousailles – et s'engagent à les soigner jusqu'à leur mort.

抓意识形态领域里的阶级斗争

Au début des années 1970, Mao Zedong a deux bêtes noires : le général Lin Biao – qui, après l'avoir beaucoup servi, lui fait ombrage et se trouve donc éliminé en 1971 – et Confucius, assimilé à la Chine bourgeoise et archaïque qu'il faut jeter définitivement par terre. En 1973, Mao lance donc une campagne jumelée « anti-Lin, anti-Kong ». Sur les murs, de grands panneaux expliquent les méfaits du confucianisme (page de gauche, en haut), tandis qu'un jeune « pionnier » explique (en bas) les joies de la nouvelle société. Ci-contre, devant le président Mao agitant sa casquette, hommes et femmes de la nouvelle génération brandissent, sous le sourire protecteur du bon soldat, le Petit Livre rouge : ce dernier prend non seulement la place du *Lunyu*, mais aussi celle de toute autre lecture. La Révolution culturelle (1966-1969, puis 1975-1976) renaît, plus violente que jamais, et les « gardes rouges » appliquent le mot d'ordre du Grand Timonier : « du passé, il faut faire table rase ». La mémoire de Confucius – que le régime taïwanais continue par ailleurs de vénérer – semble ne pas pouvoir survivre sur le continent.

Dénoncer quelqu'un comme confucéen revient le plus souvent à le conduire à la mort.

Mais, en plein cœur des « années Deng », Confucius réapparaît; d'aucuns le créditent des succès économiques que connaissent alors différents pays émergents de l'Asie orientale. En 1985, les Taïwanais, qui n'avaient jamais cessé d'honorer pleinement le Maître, et même y trouvaient un ferment de leur identité, lui consacrent un colloque qui remporte un succès imprévu. Deux ans plus tard, le gouvernement de Chine populaire organise à Qufu, patrie du Sage, une manifestation qui attire elle aussi les foules.

Depuis, les éditeurs n'hésitent plus à publier le texte des « Quatre Livres » ou les différents Classiques pour les enfants. Scénaristes et dessinateurs s'en donnent à cœur joie pour donner, sur papier ou sur le Web, des versions illustrées de sa vie : réelle ou rêvée, cela a-t-il encore un sens ?

Contre toute attente, l'ère « Deng Xiaoping » et la modernisation de la Chine à partir des années 1980 ramènent Confucius sur le devant de la scène. Les fêtes célébrant le 2547e anniversaire de sa naissance, en 1996, sont organisées en grande pompe à Qufu même (ci-dessus). Le pays remet de l'ordre dans son passé, y redonnant vie à tout ce qui peut servir pour l'avenir et construire l'identité chinoise « du XXIe siècle » ou « du IIIe millénaire ».

L'important n'est-il pas que la diaspora chinoise, plus mondialisée que jamais, s'y reconnaisse ?

Confucius et l'entreprise

Qui oserait contester aujourd'hui que le confucianisme est l'un des composants – et sans doute le plus stable – d'une originalité culturelle chinoise revendiquée dans sa dimension historique ? Les débats actuels tournant autour de la notion de facteur humain dans l'entreprise, la recherche du perfectionnement, la pratique de la critique constructive – avatar managérial du rôle que les censeurs exerçaient auprès des empereurs d'autrefois. Ces comportements du monde contemporain de la production ne sont certes pas inscrits dans le texte des « Entretiens », cependant, les propos du vieux Maître les recommandent aussi. Dans leur généralité englobante, ils soumettent clairement les pulsions de l'affectivité (*qing*) individuelle à la raison (*li*) de l'intérêt général (*gong*) et, finalement, à la loi (*fa*). Quel patron refuserait une telle philosophie ?

Telle se présente, parfaitement ordonnée et efficace, la Bourse de Shanghai (ci-dessous). Ce calme apparent évoque un mot de Kongzi à propos de la musique : « Au départ, tous les instruments jouent à l'unisson. Puis chacun d'eux se dégage dans toute sa pureté, et ceci en accord parfait avec les autres, soutenu jusqu'à la fin » (*Lunyu* III, 23).

Page suivante, le parc funéraire de la famille Kong, à Qufu, où veillent les fonctionnaires et les animaux de pierre alignés le long des « chemins des esprits » (*shendao*) menant aux plus grands tombeaux.

TÉMOIGNAGES ET DOCUMENTS

Les dossiers reprenant des textes anciens, on y trouvera les deux transcriptions : de l'École française d'Extrême-Orient et *pinyin*.

98
Les « Entretiens »

102
Les aléas de la traduction

104
Sima Qian, le premier biographe de Confucius

106
L'Asie confucéenne

112
Confucius et l'Occident

118
Confucius et les femmes

120-121
Chronologies et bibliographie

122
Table des illustrations

125
Index

Les « Entretiens »

Les «Entretiens» conservent les pulsions d'un discours reconstitué bien après la mort de Confucius. Cette qualité du texte fait aussi son malheur, car elle favorise les citations phrase par phrase, coupées de tout contexte. C'est pour faire entendre cette cohérence, au sein même de propos à bâtons rompus, que sont reproduits ici deux «livres» complets sur des thèmes pivots : l'homme et le ren *(«sens de l'humain»).*

« Un livre de vie »

Dans les *Entretiens* se fait entendre pour la première fois dans l'histoire de la pensée chinoise la voix de quelqu'un qui parle en son propre nom, à la première personne, prenant ainsi la dimension d'un véritable auteur. La parole de Confucius est d'emblée et résolument axée sur l'homme et la notion de l'humain, enjeu central de cet avènement philosophique. Trois «pôles» se dégagent comme essentiels dans l'articulation de son enseignement : l'apprendre, la qualité humaine et l'esprit rituel.

De quoi est-il question, au juste, dans les *Entretiens*? Dans ces bribes de conversations à bâtons rompus, impossible d'entrevoir de système, ni même de sujets ou de thèmes traités de façon développée, et pourtant s'en dégage l'impression distincte que Confucius a voulu faire passer un message bien précis. Il y est question, au fond, de la façon dont on devient un être humain à part entière. Il y a là un livre plein de vie, voire un livre de vie, dont le maître nous indique les grandes étapes.

Anne Cheng, *Histoire de la pensée chinoise*, Paris, Le Seuil, 1997

De l'homme

1 Le Maître dit : Qui gouverne par la Vertu est comparable à l'étoile polaire, immuable sur son axe, mais centre d'attraction de toute planète.

2 Le Maître dit : *Le Livre des Odes* compte trois cents poèmes, mais l'essentiel se ramène à trois mots : «Sans jamais dévier.»

3 Le Maître dit : Gouvernez à force de lois, maintenez l'ordre à coups de châtiments, le peuple se contentera d'obtempérer, sans éprouver la moindre honte. Gouvernez par la Vertu, harmonisez par les rites, le peuple non seulement connaîtra la honte, mais de lui-même tendra vers le Bien.

4 Le Maître dit : À quinze ans, je résolus d'apprendre. À trente ans, je m'affermis dans la Voie. À quarante ans, je n'éprouvais plus aucun doute. À cinquante ans, je connaissais les décrets du Ciel. À soixante ans, j'avais un discernement parfait. À soixante-dix ans, j'agissais en toute liberté, sans pour autant transgresser aucune règle.

5 Qu'est-ce que la piété filiale?

Meng Yizi vient poser là question au Maître, qui lui répond : «C'est ne jamais désobéir.»

Un peu plus tard, le Maître confie à son disciple Fan Chi qui le reconduit en char : «L'autre jour, Meng m'a demandé ce qu'était la piété filiale; je lui ai répondu : C'est ne jamais désobéir.» À Pan Chi qui ne comprend pas, le Maître précise : «Selon les rites, les parents seront servis de leur vivant; selon les rites, ils seront enterrés; selon les rites seront faits les sacrifices à leurs mânes.»

6 Meng Wubo, fils aîné de Meng Yizi, lui pose à son tour la question. Le Maître répond : Conduis-toi de manière à ne causer aucun souci à tes parents si ce n'est sur ta santé.

7 À Ziyou, le Maître répond : De nos jours, la piété filiale ne consiste plus qu'à nourrir ses parents. Or, on en fait bien autant pour ses chiens ou ses chevaux. En l'absence de tout sentiment de respect, où est la différence?

8 À Zixia, le Maître répond : Le difficile, c'est d'être filial de toute son âme. Il ne suffit donc pas d'assumer les tâches de ses parents et de ses aînés, ou de leur laisser leur part de boire et de manger; la piété filiale est bien plus que cela!

9 Le Maître dit : Je peux m'entretenir avec Hui une journée entière sans qu'il me contredise une seule fois, au point qu'on pourrait le croire stupide. Eh bien, je sais qu'une fois seul, il a sa manière d'illustrer mon enseignement. Décidément, ce Hui est loin d'être stupide.

10 Le Maître dit : D'un homme, observe la manière d'agir, examine les motivations, vois où il trouve son bonheur. N'est-ce pas le sûr moyen de le connaître?

11 Le Maître dit : Le bon maître est celui qui, tout en répétant l'ancien, est capable d'y trouver du nouveau.

12 Le Maître dit : L'homme de bien n'est pas un ustensile destiné à un seul usage.

13 «Qu'est-ce qu'un homme de bien?», s'enquiert Zigong. Le Maître répond : «C'est celui qui ne prêche pas ce qu'il faut faire tant qu'il n'a pas fait ce qu'il prône.»

14 Le Maître dit : L'homme de bien est impartial et vise à l'universel; l'homme de peu, ignorant l'universel, s'enferme dans le sectaire.

15 Le Maître dit : Étudier sans réfléchir est vain; méditer sans étudier est périlleux.

16 Le Maître dit : Se vouer à des doctrines pernicieuses, c'est courir à sa perte.

17 Le Maître dit à son disciple : Zilu, veux-tu que je te dise ce qu'est la connaissance? Savoir qu'on sait quand on sait, et savoir qu'on ne sait pas quand on ne sait pas, c'est là la vraie connaissance.

18 Le voyant étudier en vue d'une carrière bien rémunérée, le Maître dit à Zizhang : Écoute tout ce qui se dit autour de toi, et mets entre parenthèses les points douteux pour ne parler avec prudence que du certain, tu es sûr de commettre peu d'erreurs. Regarde bien ce qui se fait autour de toi et évite les entreprises risquées pour ne t'aventurer que sur du solide, tu as peu de chances de t'en repentir. Or, quand on a peu à regretter pour ce qu'on a dit, et peu à se reprocher pour ce qu'on a fait, promotion et honoraires suivent tout naturellement.

19 Le duc Ai : Que faut-il faire pour obtenir l'adhésion du peuple?

Le Maître : Placez les hommes droits au-dessus des hommes pernicieux, le peuple viendra à vous; faites le contraire, le peuple vous refusera son soutien.

20 Ji Kangzi demande une recette pour inciter le peuple à vénérer son souverain et à lui être loyal. Le Maître lui répond : Traitez-le avec égard et vous serez vénéré; soyez bon fils pour vos

parents et bon prince pour vos sujets, et vous serez servi avec loyauté; honorez les hommes de valeur et éduquez les moins compétents, et tous se verront incités au bien.

21 Quelqu'un demande à Confucius : Maître, comment se fait-il que vous n'exerciez aucune fonction officielle? À quoi Confucius répond : Il est dit dans le *Livre des Documents* : «Être bon fils, être simplement bon fils et bon frère, c'est déjà prendre part au gouvernement.» Vous voyez donc que point n'est besoin d'occuper un poste pour remplir une fonction.

22 Le Maître dit : À quoi peut être bon un homme qui ne tient pas parole? Il n'est guère plus viable qu'un char à bœufs sans joug, ou qu'une voiture sans attelage.

23 Zizhang : Est-il possible de prédire ce qu'il en sera des dix prochains règnes?

Le Maître : Les Yin ont hérité des rites des Xia; notre dynastie Zhou à son tour a hérité de ceux des Yin. Or, nous savons ce que chacune de ces dynasties a ajouté et retranché. Et il en sera de même pour tous les règnes qui succéderont à Zhou, qu'il y en ait dix ou cent.

24 Le Maître dit : Sacrifier à des ancêtres qui ne sont pas les siens est pure flagornerie. Savoir où est le Juste et passer outre est de la pire lâcheté.

«De l'homme», livre II in *Entretiens de Confucius,* traduit du chinois, introduction et notes par Anne Cheng, Le Seuil, 1981

Confucius représenté au XVIIe siècle.

Du *ren*

1 Le Maître dit : Élis domicile où demeure le *ren* : il y fait bon vivre. Sinon, comment prétendre à la sagesse?

2 Le Maître dit : Celui qui ne possède pas le *ren* est incapable de séjourner tant dans le malheur que dans le bonheur. L'homme de *ren*, lui, n'est à l'aise que dans le *ren*; quant à l'homme d'intelligence, il en connaît tout le profit.

3 Le Maître dit : Seul l'homme de *ren* est capable de vrai amour, de vraie haine.

4 Le Maître dit : Pour peu que la volonté tende vers le *ren*, elle ne peut engendrer aucun mal.

5 Le Maître dit : Honneurs et richesses sont ce que l'homme désire le plus au monde, et pourtant mieux vaut y renoncer que s'écarter de la Voie. Humilité et pauvreté sont ce que l'homme fuit le plus au monde, et pourtant mieux vaut les accepter que s'écarter de la Voie. L'homme de bien qui se départ du *ren* n'est plus digne de ce nom : l'homme de bien est celui qui ne s'en départ même pas le temps d'un repas, qu'il se trouve pressé ou ballotté par les événements.

6 Le Maître dit : je n'ai encore jamais connu de vrais adeptes du *ren*, ni même de vrais contempteurs du non-*ren*. Les premiers considèrent le *ren* comme la valeur suprême; les seconds cherchent

à éviter tout contact avec ce qui n'est pas *ren*. Quelqu'un a-t-il jamais tenté de consacrer au *ren* toute son énergie, fût-ce une journée? S'il n'y parvient pas, ce ne sera sûrement pas faute d'énergie – en tout cas, pas à ma connaissance.

7 Le Maître dit : les fautes sont caractéristiques de ceux qui les commettent. À ses fautes mêmes, on reconnaît un homme de bien d'un homme de peu.

8 Le Maître dit : Qui le matin entend parler de la Voie peut mourir content le soir même.

9 Le Maître dit : L'adepte de la Voie qui rougit d'être mal nourri ou vêtu ne vaut pas la peine qu'on l'entretienne plus avant.

10 Le Maître dit : Dans les affaires du monde, l'homme de bien n'a pas une attitude rigide de refus ou d'acceptation. Le Juste est sa règle.

11 Le Maître dit : L'homme de bien chérit la vertu, l'homme de peu les biens matériels. L'homme de bien porte en lui le sens de la loi, l'homme de peu ne pense que privilèges.

12 Le Maître dit : Qui se laisse guider par son seul profit s'attire haine et rancune.

13 Le Maître dit : S'il est bien vrai qu'on peut gouverner par l'humilité et la courtoisie propres au rituel, n'est-ce pas là la perfection? Sinon, le rituel a-t-il encore un sens?

14 Le Maître dit : Ne te soucie point de n'avoir pas de poste, mais veille plutôt à t'en rendre capable; ne te soucie point de n'être pas connu, mais veille plutôt à t'en rendre digne.

15 Le Maître dit à Maître Zeng : Ma Voie procède d'une pensée unique qui relie le tout.

Maître Zeng acquiesce. Le Maître sort. Les autres disciples demandent alors : Que voulait-il dire?

Maître Zeng : La Voie du Maître se ramène à ceci : exigence envers soi-même, mansuétude pour les autres.

16 Le Maître dit : L'homme de bien connaît le juste, l'homme de peu ne connaît que le profit.

17 Le Maître dit : Si tu rencontres un homme de valeur, cherche à lui ressembler. Si tu rencontres un homme médiocre, cherche ses défauts en toi-même.

18 Le Maître dit : Un fils, tout en servant ses parents, peut leur faire des reproches, mais avec douceur. S'il voit qu'ils ne suivent pas son conseil, il n'en restera pas moins respectueux et obéissant; quand bien même il serait maltraité, il n'en gardera pas rancune.

19 Le Maître dit : Tant que ses parents sont en vie, un fils n'ira pas s'établir au loin. S'il y est forcé, il devra leur indiquer clairement l'endroit.

20 Le Maître dit : Un fils qui, au bout de trois années de deuil, reste fidèle à l'exemple de son père, fait preuve d'une grande piété filiale.

21 Le Maître dit : Garde toujours présent à l'esprit l'âge de tes parents, source de joie, pour leur longévité, mais aussi d'inquiétude, pour leur vieillesse.

22 Le Maître dit : Les Anciens étaient avares de mots par crainte de ne pouvoir les confirmer dans leurs actes.

23 Le Maître dit : Sois maître de toi-même, tu commettras peu d'erreurs.

24 Le Maître dit : L'homme de bien préfère être lent à parler mais prompt à agir.

25 Le Maître dit : La vertu n'est jamais solitaire, on fait cercle autour d'elle.

26 Ziyou dit : Du sujet au prince, trop de remontrances n'aboutissent qu'à la disgrâce; entre amis, trop de critiques ne provoquent que l'éloignement.

«Du *ren*», livre IV in *op. cit.*

Les aléas de la traduction

Lorsqu'il faut traduire un texte, les mots posent moins de difficultés que l'articulation de la pensée : pour dire la même chose, on n'emprunte pas le même chemin en français, en anglais, en allemand, en chinois… Transposer le Lunyu *et ces formules venues de temps très anciens, chargées d'associations d'idées qu'on ne perçoit plus, demeure un exercice périlleux. Voici, en guise d'illustration, les réactions de trois éminents sinologues.*

Un classique qui n'en finit pas de faire parler de lui

Il existe désormais près d'une quarantaine de traductions des «Entretiens» (*Lunyu*) de Confucius dans des langues européennes : avec le «Livre de la Voie et de la Vertu» (*Laozi* ou *Daodejing*), il bat tous les records, sans compter les montagnes de littérature exégétique (en chinois, mais aussi en d'autres langues, particulièrement en japonais) accumulées au cours des siècles et qui continuent à s'élever, caillou par caillou, avec chaque découverte ou intuition nouvelle. Malgré la différence des étiquettes et des formes, les deux ouvrages ont pour point commun leur concision qui explique en grande partie la prolifération des études et des traductions. […]

Les traductions «orthodoxes» du début du siècle

Comme chacun sait, la toute première traduction des «Entretiens» publiée en une langue européenne est due à Philippe Couplet. En 1687, il achevait avec son équipe la traduction en latin du *Lunyu*, du *Daxue* («La Grande Étude») et du *Zhongyong* («L'Invariable Milieu»). Connue sous le titre de *Confucius Sinarum philosophus*, cette publication suscita dans l'Europe de la fin du XVIIe siècle un retentissement non négligeable puisqu'elle fut à son tour traduite en français l'année suivante, et en anglais en 1691. Dès sa première traduction, le *Lunyu* est donc présenté comme l'œuvre d'un «philosophe», dont la pensée pratique sera une source d'inspiration pour d'autres philosophes (amateurs de sagesse), ceux des Lumières.

Deux siècles plus tard, les traductions les plus influentes sont toujours l'œuvre de missionnaires européens présents en Chine et bénéficiant de la collaboration de lettrés chinois formés à l'exégèse canonique (*jingxue*) […]. Ces traductions se placent donc dans la droite ligne de l'orthodoxie et des méthodes philologiques de l'érudition chinoise traditionnelle, avec une nette prééminence de l'interprétation de Zhu Xi (1130-1200) sur celles d'époque Han.

«Chacun son Confucius»

[…] Avec la chute définitive des structures impériales et la mutation républicaine se clôt en Chine l'ère des missionnaires. Les traductions qui suivent sont le fait de sinologues laïques et isolés qui, prenant de l'assurance, se libèrent progressivement de l'emprise de l'exégèse traditionnelle.

Alors que les traductions des missionnaires ne parvenaient à toucher qu'un milieu relativement restreint, celles qui suivent se donnent pour projet de s'adresser aussi et surtout à l'«honnête homme», curieux mais pas nécessairement initié. C'est alors que commencent à se formuler explicitement, autour des problèmes posés par la transposition de textes en chinois classique dans des langues européennes modernes, des théories de la traduction, avec l'éternel dilemme entre liberté littéraire, voire poétique, et littéralité. Le traducteur est maintenu dans une tension constante entre le devoir de se rendre accessible au public, et celui de rester fidèle, non seulement à la langue de départ, mais, dans le cas présent, à la longue et complexe tradition exégétique dont le texte original a été l'objet.

Anne Cheng, «Les “Entretiens” de Confucius. Un aperçu des traductions du XXe siècle en langues européennes», in *Revue bibliographique de sinologie*, 1999

À propos de quatre mots du *Lunyu*

«Aujourd'hui, traduire les *Entretiens* du chinois en français ne pose plus vraiment de problèmes de chinois, mais seulement des problèmes de français. Depuis le temps que les meilleurs esprits ont scruté ce texte, son sens ne prête plus guère à discussion. Pour les passages qui demeurent douteux, toutes les interprétations possibles semblent avoir été déjà explorées, soupesées et inventoriées. Quant aux passages obscurs (heureusement peu nombreux), ils resteront sans doute à jamais insolubles. Quoi qu'il en soit, tant d'illustres devanciers ont déjà labouré ce champ en tous sens, il serait naïf pour un dernier venu d'imaginer qu'il pourrait encore y faire des découvertes ou apporter des solutions originales.» (Pierre Ryckmans, «Introduction du traducteur», *Les Entretiens de Confucius*, Paris, Gallimard, 1987)

Et pourtant, quitte à passer pour fol ou naïf, osons mettre en question une sentence des plus connues et, qui plus est, dont l'interprétation, semble-t-il, n'a jamais prêté à discussion. La voici :

Zi yue : «Junzi bu qi» [*Lunyu* II, 12]

La brièveté de la sentence autorise le panorama complet des traductions françaises accessibles, présentées dans l'ordre chronologique :

- G. Pauthier (1845) :
«Le Philosophe dit : “L'homme supérieur n'est pas un vain ustensile employé aux usages vulgaires.”»
- S. Couvreur (1895) :
«Le Maître dit : “L'homme sage n'est pas comme un vase ou un instrument (qui n'a qu'un usage; il est apte à tout).”»
- H. Otto (1896) :
«Conf. dit : “Le sage n'est pas borné (il est bon à tout).”»
- D. Leslie (1962) :
«Le Sage dit : “Un homme noble n'est ni récipient ni outil.”»
- A. Cheng (1981) :
«Le Maître dit : “L'homme de bien n'est pas un ustensile destiné à un seul usage.”»
- P. Ryckmans (1987) :
«Le Maître dit : “Un honnête homme n'est pas un pot.”»

André Lévy, «À propos de quatre mots des *Entretiens* de Confucius et de ses disciples», in *Études chinoises*, vol. XIII, n° 1-2, printemps-automne 1994

Sima Qian, le premier biographe de Confucius

«Pour écrire la biographie de Confucius, Sima Qian dut soumettre à un examen critique les documents nombreux et divers dont il disposait et les arranger suivant un plan qui lui est entièrement personnel; cette biographie en effet n'existait pas avant lui; il est le premier à l'avoir constituée; quels que soient les défauts de son essai de systématisation, on devra toujours en tenir compte, car c'est à travers le texte de Sima Qian que nous voyons encore aujourd'hui la vie de Confucius.»

Note de Paul Demiéville, in Se-ma ts'ien, *Mémoires historiques*, V

Un sage au gouvernement

La quatorzième année (496) du duc Ting, K'ong-tse [Confucius], alors âgé de cinquante-six ans, quitta la charge du ministre de la justice pour exercer les fonctions de conseiller. Comme il avait l'air content, un de ses disciples lui dit : «J'ai entendu dire que le sage, lorsque le malheur arrive n'est pas saisi de crainte, et, lorsque le bonheur arrive n'éprouve pas de joie.» K'ong-tse dit : «Ce dicton existe en effet. Mais ne dit-on pas aussi : Il se réjouit de ce que, étant élevé en dignité, il s'humilie devant les autres?» – Puis il mit à mort le *chao tcheng* Mao, grand officier de Lou, qui jetait le désordre dans le gouvernement.

Quand on eut associé K'ong-tse au gouvernement de l'État, au bout de trois mois ceux qui vendaient des agneaux et de jeunes porcs ne faussaient plus leurs prix; les hommes et les femmes qui passaient se tenaient séparés les uns des autres sur la route; sur le chemin on ne ramassait pas ce qui avait été laissé par mégarde; les étrangers venus des quatre points cardinaux, quand ils étaient arrivés dans la ville, n'avaient pas à recourir aux magistrats, car on les traitait tous comme s'ils avaient été dans leur propre pays.

Se-ma ts'ien, *Mémoires historiques*,
Traduction et notes
d'Édouard Chavannes,
Adrien-Maisonneuve, 1967

Les hommages rendus au Maître

K'ong-tse était âgé de soixante-treize ans et c'était le jour *ki-tch'eou* du quatrième mois de la seizième année (479) du duc Ngai, de Lou, quand il mourut.

Le duc Ngai prononça son éloge funèbre en disant : «Le Ciel miséricordieux n'a pas compassion de moi; il n'a pas pu prendre sur lui de me laisser un seul vieillard expérimenté qui fût capable de me protéger, moi l'homme unique, pendant que je règne. Plein de tristesse, je suis plongé dans l'affliction. Hélas! vénérable Ni [Confucius]! je n'ai plus personne qui me serve de règle.» Tse-kong [Zigong] dit : «Le prince ne mourra certainement pas dans le pays de Lou! Le Maître en effet a dit : Pécher dans la pratique des rites, c'est preuve d'aveuglement d'esprit; pécher dans l'emploi des mots, c'est preuve de tendance aux abus. Pécher en ce qui concerne les intentions, c'est aveuglement d'esprit; pécher en ce qui concerne les places appropriées, c'est tendance aux abus. Or, ce que vient de faire le duc Ngai, à savoir : celui dont il n'a pas pu se servir pendant qu'il vivait, faire son éloge après sa mort, c'est pécher dans la pratique des rites; dire en parlant de lui-même «moi l'homme unique», c'est pécher dans l'emploi des mots.»

K'ong-tse fut enterré au nord de la capitale du pays de Lou, sur les bords de la rivière Se.

Ses disciples portèrent tous les vêtements de deuil pendant trois années; au bout de trois ans, leur deuil de cœur étant terminé, quand ils se séparèrent les uns des autres pour s'en aller, ils éclatèrent en lamentations et chacun d'eux donna de nouveau libre cours à son affliction. Quelques-uns d'entre eux restèrent encore. Seul Tse-kong habita dans une hutte sur le tertre de la tombe et y passa en tout six années, après lesquelles il partit.

Parmi les disciples et les gens du pays de Lou, ceux qui vinrent s'établir à demeure aux environs de la tombe formèrent plus de cent habitations qu'on appela pour cette raison «le hameau de K'ong».

Les princes de Lou se transmirent de génération en génération la coutume d'offrir des sacrifices à K'ong-tse à des époques fixes de l'année. D'autre part, les lettrés aussi s'exercèrent à pratiquer les rites tels que le banquet de district et le grand tir à l'arc auprès de la tombe de K'ong-tse. La sépulture de K'ong-tse est grande de un *k'ing*. La salle dans laquelle demeurèrent autrefois les disciples a été transformée en un temple funéraire par les générations suivantes qui y ont déposé les vêtements de K'ong-tse, son chapeau de cérémonie, son luth, son char et ses écrits. Tout cela se conserva sans interruption pendant plus de deux cents années jusqu'à l'avènement des Han. Lorsque l'empereur Kao passa dans le pays de Lou (195), il offrit un sacrifice de trois grandes victimes à la tombe de K'ong-tse. Quand les seigneurs, les hauts dignitaires et les conseillers arrivent dans le pays de Lou, ils commencent toujours par aller rendre visite à cette tombe et ce n'est qu'ensuite qu'ils s'occupent du gouvernement.

Se-ma ts'ien, *op. cit.*

L'admiration de Sima Qian

Pour moi, quand je lisais les écrits de K'ong-tse, j'ai cru voir quel homme il fut; puis, lorsque je suis allé dans le pays de Lou, que j'ai regardé la salle du temple funéraire de Tchong-ni [Confucius], son char, ses vêtements, ses ustensiles rituels, lorsque j'ai vu tous les maîtres qui aux époques prescrites, s'exerçaient aux rites dans sa demeure, je revenais pénétré de respect m'attarder là et je ne pouvais m'éloigner. Dans le monde, ils sont légion ceux qui, depuis les souverains jusqu'aux hommes sages, eurent de leur vivant une gloire qui prit fin après leur mort. Mais K'ong-tse, quoique vêtu de toile, a transmis sa renommée pendant plus de dix générations; ceux qui se livrent à l'étude le considèrent comme leur chef. Depuis le Fils du Ciel, les rois et les seigneurs, tous ceux qui dans le Royaume du Milieu dissertent sur les six arts libéraux se décident et se règlent d'après le Maître. C'est là ce qu'on peut appeler la parfaite sainteté!

Se-ma ts'ien, *op. cit.*

L'Asie confucéenne

Dès l'époque des Han, les voisins de la Chine admirent ses institutions politiques, ses rites, ainsi que l'efficacité de son écriture. Des pans entiers de la culture chinoise se diffusent vers la Corée, le Japon et l'actuel Vietnam. Ainsi, de même qu'il existe un «Extrême-Orient des caractères» où l'écriture constituée au moins partiellement de sinogrammes – certes disparus au Vietnam et en voie de disparition en Corée – matérialise une parenté culturelle, il existe un «Extrême-Orient confucéen». Aujourd'hui, les acteurs économiques de cette macrorégion cherchent dans leur fonds commun confucianiste les raisons de leur succès ou l'espoir de surmonter leurs échecs.

Confucius au Japon

Au milieu du VIe siècle de notre ère, des envoyés coréens apportent dans l'archipel des sûtras bouddhiques calligraphiés en chinois – une langue écrite standardisée depuis déjà 800 ans. Les Japonais adoptent le système chinois. Les partisans de la modernisation – c'est-à-dire l'adoption du bouddhisme et des standards chinois – gagnent. Un État japonais tente de s'organiser peu à peu, du début du VIIe au début du VIIIe siècle, selon le modèle continental. Sans que personne, sans doute, n'en ait une conscience claire, d'importants éléments confucéens passent alors au Japon, à mesure que l'archipel adopte par pans entiers la culture chinoise; les Japonais, tout en s'initiant au bouddhisme, s'imprègnent de notions confucéennes.

Celles-ci se précisent aux XIIIe et XIVe siècles, toujours par le truchement de moines bouddhistes, cette fois-ci de l'école Zen (Chan en chinois); ces derniers sont de très bons connaisseurs non seulement du canon bouddhique, mais de la littérature chinoise en général. Le confucianisme attire leur attention à cause de l'accent qu'il porte sur la recherche du bien et la pédagogie; les religieux en enseignent les principes dans leurs monastères.

Il faut attendre cependant le XVIIe siècle pour que le confucianisme – sous la forme moderne de l'école du Principe – soit clairement identifié et développé, sous l'influence de quelques grands intellectuels.

Hayashi Razan (1583-1657) rompt avec les moines et libère le confucianisme de ses liens japonais avec l'enseignement du Zen.

Kaibara Ekiken (1630-1714) reprend le flambeau et en démontre l'intérêt pour l'encadrement des différentes forces sociales. Les shôgun s'appuient sur le néo-confucianisme qui a fait ses preuves en Chine. La pensée de Confucius revue par Zhu Xi devient la doctrine officielle. Celle de Wang Yangming, divulguée par Nakae Tôju (1608-1648) et Kumazawa Banzan (1619-1691) fait aussi son chemin et transporte les cœurs des citadins éduqués.

À partir de 1790 néanmoins, seul le néo-confucianisme est autorisé, le pouvoir shogunal jugeant Wang Yangming trop révolutionnaire. Les samurais, auxquels on demande de conserver leur esprit de compétition et leurs talents militaires mais dans le cadre d'une société en paix, se muent en administrateurs. Les plus intellectuels se réfugient dans l'étude, auréolés de respect; comme Confucius et ses homologues dans un très lointain passé chinois, ils constituent peu à peu une classe intermédiaire qui sait tout faire, et se rend indispensable : ils deviennent des lettrés.

Durant l'ère Meiji (1868-1912) qui voit le Japon opérer une mutation profonde afin d'assimiler les données occidentales et devenir une puissance planétaire, le confucianisme perd du terrain. Au cours du demi-siècle qui suit, les milieux militaristes au pouvoir favorisent le shintô, la religion naturelle des origines qu'ils tirent vers une interprétation nationaliste. Aujourd'hui, le confucianisme semble diffus au Japon; mais il contribue indéniablement à donner un fond éthique aux grands débats contemporains.

Danielle Elisseeff, 2003

Dans la littérature japonaise actuelle

Plus les textes sont simples, en apparence, et plus ils se prêtent à de multiples interprétations. Le grand écrivain

Confucius par le peintre japonais Kanô Tanyû (1602-1674).

japonais Yasushi Inoue associe pour sa part le ren *à la charité et au bonheur.*

Le Maître ne cessait de penser à ce qui pourrait constituer pour l'homme une vie heureuse, une vie qui valût la peine d'être vécue. À quelque époque que ce soit, et pour cela seul qu'il était venu au monde, tout homme avait droit au bonheur. Cette idée fut, je crois, au fondement de toute la pensée du Maître.

La vertu d'humanité est l'attitude de l'homme face aux autres hommes lorsqu'elle tend au bonheur de tous. On peut lui donner d'autres noms tels que «justice» ou «bonne volonté», mais dans tous les cas ne consiste-t-elle pas en un cœur miséricordieux et en une entraide mutuelle, de manière à ce que chacun puisse se féliciter d'être venu dans ce monde chaotique et troublé, où la vie est si difficile? […]

Ainsi, quand on en vient aux classes dirigeantes, la considération pour autrui ne se limite plus aux égards qu'on peut avoir pour son voisin, mais doit être intégrée à l'art de gouverner et mise en œuvre à l'échelle de la société tout entière. […]

On le voit, dans l'enseignement de Confucius, notre Maître, la vertu d'humanité n'était pas la «vertu suprême» au sens de l'aboutissement d'un travail sur soi, mais une disposition intérieure qu'il nous était indispensable d'adopter en ce monde de troubles. Comme il existe une vertu d'humanité au sens large, à l'usage de ceux qui sont placés au-dessus des autres hommes, il existe aussi une vertu d'humanité au sens restreint pour nous autres, le commun des mortels, qui peuplons tel ou tel recoin de ce monde.

La vertu d'humanité se manifeste selon les gens de la manière la plus diverse. La compassion que montre une bourgeoise pour un vagabond en est une, comme l'attitude d'un responsable de village qui répartit équitablement les charges en se mettant à la place de ses administrés.

Yasushi Inoue, *Confucius*,
traduction du japonais
par Daniel Struve,
Stock, 2001

Confucius en Corée

La Corée a toujours su accueillir les formes les plus diverses de pensées étrangères dont elle tire des synthèses originales. Le confucianisme, le bouddhisme, le christianisme sont ainsi toujours bien vivants, sans oublier le marxisme et le chamanisme; ce dernier continue de sous-tendre le principal système national de croyances.

Le confucianisme arrive en pays coréen dès l'époque des Han, lorsque l'Empire chinois implante dans la région du nord-ouest la commanderie de Lelang (fin du IIe siècle av. J.-C.). Au fil des siècles, les officiels des divers États coréens adoptent l'écriture de la Chine et s'efforcent d'en assimiler les rites. En 372, l'État de Koguryo fonde une école confucéenne. Les enseignements du vieux Sage semblent si bien respectés que, lorsque l'État du Silla unifie la péninsule (668), l'empereur de Chine désigne la Corée comme le «pays des *junzi* [hommes de bien]», selon le terme fameux et consacré.

Deux cent soixante-dix ans plus tard, quand le Silla s'effondre (935), le bouddhisme et le chamanisme occupent le devant de la scène. Mais le confucianisme revient en force au XIe siècle. Le second souverain de la dynastie Koryo (918-1392) organise alors le gouvernement selon les principes confucianistes. Le processus conduit à créer une forme d'opposition entre les élites – confucéennes – et les couches populaires, restées attachées au bouddhisme – de nouveau influent à la cour en fin de période – et au chamanisme.

Après une brève domination mongole, les fondateurs de la dynastie Choson (1392-1910) imposent un confucianisme combatif – que l'on peut même dire exclusif et répressif – directement inspiré des principes de Zhu Xi. Le plus grand penseur coréen confucianiste est Yi Hwang (1501-1570) qui élabore alors une interprétation originale des données néo-confucéennes. De nombreux vestiges de ce passé fortement confucianisé sont encore perceptibles dans la Corée du XXIe siècle.

Danielle Elisseeff, 2003

Vietnam : un témoignage

Même si le bouddhisme reste longtemps prépondérant dans la péninsule indochinoise, où naissent diverses formes syncrétiques, c'est le confucianisme, présent depuis le IIe siècle av. J.-C., qui structure l'État. Différents artistes français y séjournant ont pu assister à la cérémonie majeure du sacrifice aux trois animaux; les Vietnamiens respectaient encore scrupuleusement les traditions dans la première moitié du XXe siècle.

[…] François de Marliave lors de ses deux séjours en Indochine [en 1912 et en 1921 est présent à] la cérémonie du Nam Giao à Huê. Cette cérémonie ne se déroule que tous les trois ans et le peintre a la chance d'y assister deux fois de suite; [ce que feront également] après lui, Charles Fouqueray (1921), Géo Michel, Jean Launois (1924) et Georges Barrière (1936).

Très simplement, il s'agit d'une cérémonie au cours de laquelle l'empereur, au nom de son peuple, rend hommage au ciel, auquel il reconnaît un pouvoir tout-puissant. L'empereur, ayant reçu son mandat du ciel, régentait l'ordre social ainsi que l'ordre cosmique. La cérémonie se situe sur un tertre composé de quatre enceintes formant autant d'esplanades : la quatrième enceinte est rectangulaire; les deux intermédiaires sont carrées, elles symbolisent la terre; la première enceinte est ronde, elle représente le ciel.

Une école confucéenne au «village des immortels» en Corée du Sud, à la fin du XXe siècle.

Jean Launois, qui assiste à la scène en 1924, en fait une longue description, dans sa correspondance. Il raconte d'abord le déroulement de la journée précédant la cérémonie. Lorsque le matin, l'empereur sort de son palais pour rejoindre le tertre du Nam Giao, cela donne lieu à un grand cortège composé de ministres, d'officiers richement parés, des éléphants caparaçonnés et chevaux harnachés, au milieu d'une multitude d'armes, drapeaux, étendards et parasols. La route est bordée d'autels et de tables à encens. L'après-midi, les bêtes sont préparées pour le sacrifice puis on assiste à une répétition générale. Enfin, la cérémonie en elle-même se déroule en pleine nuit, sous une vaste tente bleue, placée sur le tertre rond symbolisant le ciel. Plus bas figurent tous les grands personnages de l'Indochine. Le silence n'est troublé que par le gong annonçant l'arrivée de l'empereur. Le sacrifice peut alors avoir lieu.

Nadine André-Pallois,
L'Indochine : un lieu d'échange culturel? Les peintres français et indochinois (fin XIXe-XXe siècle),
Presses de l'École française d'Extrême-Orient, Paris, 1997

Un management par et pour l'homme

Une sociologue ayant une longue expérience du travail au sein d'entreprises tant chinoises qu'européennes, expose comment les principes confucéens peuvent se marier avec les pratiques managériales contemporaines.

La convergence des valeurs managériales avec le confucianisme est évidente. Les valeurs d'excellence confucéennes – avec le *ren*, ou sens de l'humain, comme valeur centrale – déterminent la dynamique de l'attitude du manager (autoperfectionnement, étude, pédagogie, implication, diligence, persévérance, endurance), dont l'un des rôles consiste à appuyer et soutenir ses équipes (en les formant, par exemple). Les valeurs complémentaires (rectitude intérieure, respect, loyauté, amitié, piété filiale) parachèvent cet ensemble de qualités qu'un manager doit développer pour être légitimé dans son rôle. «En termes d'influence sur le monde des affaires et de l'entreprise, explique Sophie Faure, on retrouvera la mission du dirigeant (promotion des valeurs, réconciliation des exigences économiques et éthiques, bien-être et prospérité de ceux dont il a la charge), un mode de management centré sur l'homme, une préférence relationnelle plutôt qu'un fonctionnement par processus d'un respect marqué de l'autorité. Cela se traduit également par l'importance de la famille, d'où celle du capital familial, et une priorité donnée au cercle de proches dans le management de l'entreprise.»

«Ces valeurs sont atemporelles, ajoute l'auteur, et si le confucianisme apporte son éclairage, gardons-nous de brandir un nouvel étendard et de transformer la boutique Confucius en bouée de sauvetage à un moment où nous nous interrogeons sérieusement sur nos propres modes de fonctionnement. Il n'y a pas de système parfait!»

Entre idéal de l'excellence humaine et idéalisme utopique

[…] L'enseignement confucéen est supposé engendrer un cercle vertueux plaçant le souverain au cœur du processus de gouvernance : du moment qu'il respecte les principes et valeurs explicités, il «ne peut pas ne pas» être suivi dans son action en retour. Or, c'est dans ces postulats que se trouvent les points de rupture potentiels du système confucéen. D'une part, le risque est le même que dans la prise en compte de l'homme dans le management. Certains y croient, d'autres pas. D'autre part, à trop miser sur le souverain/dirigeant, on est à la merci d'un glissement progressif et insidieux du pouvoir vers une tyrannie centralisée, avec une allégeance aveugle des membres ou sujets et une fermeture vis-à-vis de l'extérieur. Le confucianisme n'est pas sans défaut. C'est ainsi que l'on attribue l'immobilisme de l'Empire au respect outrancier de la hiérarchie et à la ritualisation de la société. L'importance accordée à un savoir livresque tourné vers le passé a pu contribuer pour certains à l'assèchement des esprits. Enfin, l'importance hypertrophiée du chef de clan peut expliquer la résurgence du féodalisme d'entreprise. Cependant, là aussi attention : cette lecture est partiale et partielle. Et s'il faut sortir des excès d'un amour trop tentant pour un idéal fort séduisant, l'excès de désamour est tout aussi gênant.

Que pouvons-nous apprendre des valeurs confucéennes?

Le confucianisme est une philosophie de l'excellence et de la relation humaine. Le management ne peut pas ne pas l'être. Or, les auteurs confucéens, qui défendent cet idéal de gouvernement, en ont exploré toutes les possibilités, développé les potentialités et repoussé les limites tout en posant son exercice en art, mais un art accessible à tous sous certaines conditions. Il est donc extrêmement intéressant d'accepter de faire ce voyage avec eux et d'examiner les conditions de l'efficacité du mode de gouvernance proposé.

De plus, la rhétorique chinoise, particulièrement propice à enrichir le sens d'une notion par l'adaptation constante de son contenu aux infinies variabilités du réel, nous facilite la compréhension de la dynamique humaine. [...]

Enfin, cette philosophie de l'excellence vit aussi au rythme des forces et des faiblesses de la dynamique humaine, ce qui la rend encore plus intéressante. Nous pouvons non seulement apprendre de ses côtés positifs, mais aussi de ses points de rupture qui transforment, parfois insidieusement et bien malgré nous, l'idéal en enfer. Ils sont des points de vigilance majeurs!

Philosophie de l'excellence aux multiples points de rupture

À quel moment le confucianisme se transforme-t-il en cette philosophie coercitive servant la relation domination-soumission? La notion de leader infaillible conduit facilement au culte de la personnalité, autorisant abus de pouvoir, exercice hiérarchique et autocratique d'un pouvoir personnel, despotisme et autoritarisme. Et c'est cette spirale-là qu'il est intéressant de comprendre, car chacun reste potentiellement à la merci d'un dévoiement du pouvoir [...]. Or, le panurgisme et le politiquement correct en entreprise sont des phénomènes courants.

Synthèse du livre de Sophie Faure, *Manager à l'école de Confucius*, Ed. d'Organisation, janvier 2003, in *Business Digest* n°130, mai 2003

Confucius et l'Occident

*Chacun sait combien la découverte de la Chine a bouleversé l'Occident. La société chinoise – perçue comme fondée sur le mérite et non sur la naissance, ainsi que tournée vers la vertu sans pour autant être chrétienne – fit trembler sur ses bases l'édifice politique et philosophique européen. Quelques exemples de ces premières rencontres et des débats qu'elles suscitèrent illustrent un long parcours plus actif que jamais : comme au XVII*e *siècle, Confucius suscite aujourd'hui de grands espoirs, bien loin de sa patrie!*

« De l'Idolatrie des Chinois »

Le jésuite allemand Athanase Kircher (1601-1680) s'est rendu célèbre par ses travaux encyclopédiques – de la physique à la langue copte. Il fut aussi celui qui lança la première grande coédition européenne consacrée à la Chine. Il y présente, entre Bouddha et Laozi, la figure d'un Confucius ambigu dont on ne sait s'il est un dieu ou un homme.

Les Chinois font mention de trois sortes de sectes dans leurs trois livres de toute la terre (c'est de la sorte que ces peuples appellent leur Royaume,) croyant que le monde ne comprend point d'autres États que les leurs, ni d'autres Provinces que celles qui sont aux environs de leur Empire.

La première est celle des savants, la seconde celle de Sciaguia [le Bouddha], & la troisième celle de Lançu [Laozi]; voilà les trois différentes Religions qui sont reçues des Chinois, & généralement de tous les peuples voisins, qui se servent des caractères usités dans ce Royaume, du nombre desquels sont (comme nous dirons ensuite) les habitants du Japon, de Coriane, de Tonchin, & de Concincine. Vous devez savoir que ces trois différentes religions, ou pour mieux dire, ces trois diverses sectes, répondent à trois ordres distincts d'hommes, dont l'État des Égyptiens étaient autrefois composé (à savoir) de Prêtres, de Sages & des hiérogrammatistes, hiérogliphistes ou commun du peuple. La véritable secte des savants de la Chine, qui est très ancienne dans cet Empire, a le gouvernement de l'État; parce qu'elle est la mieux fournie de livres, & la plus estimée de toutes les autres. Celle-ci reconnaît pour son auteur un certain Confucius qu'ils estiment être un Prince Philosophe, de même que les Égyptiens leur Thoyt […]; de sorte qu'à l'exemple des sages d'Égypte, qui avaient accoutumé d'adorer un certain Hemepht pour un Dieu, (ces sages de la Chine n'ont pas adoré des Idoles à la persuasion de Confucius :) mais ont reconnu une divinité qu'ils nomment le Roy du Ciel : voici comme en parle Trigautius dans son Expédition Chrétienne dans la Chine.

«Ils assurent que l'office de sacrifier au Roy du Ciel, & de lui rendre les honneurs dus à la divinité n'appartient qu'à la suprême dignité de l'Empire : & c'est pour ce sujet, sans doute, qu'il y a deux temples magnifiques dans les deux villes principales de son État, savoir, dans celle de Nanquin et de Pequin, dont l'un est dédié au Ciel, & le second à la Terre; c'était dans ceux-ci que le Roy sacrifiait autrefois en personne, & ce sont ceux-là même, dans lesquels on voit des très graves Magistrats qui y font l'office de sacrificateurs, & présentent au Ciel, & à la Terre (de même que les Égyptiens à Osiride) grand nombre de bœufs, & de moutons en sacrifice, & avec des cérémonies extraordinaires. Enfin comme les lois ordonnent qu'il n'y aura point de ville qui n'ait un temple dédié à ce Dieu Confucius, que je viens de nommer, il arrive aussi que les savants (qui le reconnaissent pour le Prince des Philosophes Chinois) n'en ont pas d'autre que celui qui lui est consacré, lequel est bâti (pour l'ordinaire) près des universités, ou joignant la maison du Magistrat, qui tient le premier rang parmi les Doctes. On voit dans ce Temple la statue de ce Dieu toute chargée de lettres, ou bien on trouve à sa place son nom écrit en lettres d'or sur table dont les caractères sont de la hauteur d'une coudée. On découvre à côté de cette même statue, celles de quelques-uns des disciples de ce Confucius que les Chinois ont mis au nombre des Dieux, & qu'ils estiment beaucoup moindre que leur Maître. Tous les Magistrats de la Ville s'assemblent dans ce temple deux fois le mois, savoir, au temps du renouveau, & du plein de la lune : & la coutume de ces personnes est d'adorer ce Dieu avec des profondes inclinations avec des cierges allumés, de l'encens, & des parfums, après avoir quitté toutes les marques de leur doctorat.»

Voilà la façon que ces savants adorent cette fausse divinité, qui est presque la même que celle dont se servaient les Égyptiens, lesquels offraient des sacrifices à Mercure le premier jour du mois de Toth. Tous les temples sont ornés des statues de Confucius.

Athanase Kircher, *La Chine illustrée*,
Amsterdam, 1670

Couplet et l'accès aux sources

Le jésuite Philippe Couplet (1622-1693) est l'homme qui fait connaître en Occident les textes des «Quatre Livres» dont il édite une traduction latine (1687), puis française (1688) et anglaise (1691). Le volume comporte, en introduction, une biographie de Confucius tirée du texte de Sima Qian, et présente le Sage sous les traits d'un philosophe. Cet ouvrage majeur – dont il est difficile d'extraire des citations qui perdent leur sens hors contexte – se situe dans le cadre d'une violente et très longue querelle européenne autour des «rites chinois» pratiqués pour honorer les ancêtres. Les autorités ecclésiastiques romaines se demandent si ces rituels sont religieux – et donc incompatibles avec la pratique du christianisme – ou purement civils, ce qui permet de les autoriser. Sitôt son œuvre terminé, le destin de Couplet, malheureusement, tourne court : alors qu'il se rend à nouveau en Chine, son navire sombre et la mer l'emporte (1693) lors d'une tempête.

Danielle Elisseeff, 2003

« Confucius, chevalier errant »

Nicolas Fréret (1688-1749), membre de l'Académie des Inscriptions et Belles-Lettres, a la chance de pouvoir travailler avec un jeune Chinois, Arcade Hoang, que les Pères des Missions étrangères ont amené en France. Pourtant sa vision de Confucius reste sommaire.

Confucius allait de royaume en royaume comme une espèce de chevalier errant. Au reste, la vie de ce philosophe était une Comédie perpétuelle. Il parait que le capital chez lui était de masquer ces sentiments et tous les mouvements de son cœur sous les apparences d'une tranquillité et d'une espèce d'impassibilité entière. C'était un stoïcisme outré. Du reste, il était grand observateur des cérémonies anciennes et, affectant une vie simple et commune, donnant toutes les marques possibles de l'humanité, car cette vertu n'est pas nouvelle chez les Chinois. Leur timidité naturelle la leur rend familière et ils sont persuadés que les dehors de cette vertu sont d'un grand secours pour vivre tranquille dans la société. […]

Il y avait quatre parties différentes de la philosophie, la science des mœurs qui était la dernière et la plus estimée, la science du raisonnement, la science du gouvernement et la science de la parole, celle qui apprend à bien parler des choses de morale. L'on voit que Confucius n'admettait ni métaphysique, ni physique, ni théologie, aussi disait-il lui-même qu'un homme sage ne se devait pas inquiéter de toutes choses. […] Au reste il ne parle jamais ni du souverain être ni de l'immortalité de l'âme ni de l'autre vie. Il exhorte à la vertu pour elle-même et pour les avantages qu'elle entraîne nécessairement avec elle par une suite naturelle.

Danielle Elisseeff, *Nicolas Fréret*,
Mémoires de l'Institut des
Hautes Études chinoises, 1978

« Les bacheliers sont de retour »

Jean-Baptiste Du Halde (1674-1743), jésuite, adapte les travaux envoyés en Occident par les missionnaires et en tire un ouvrage qui connaît un très grand retentissement pendant plusieurs générations : La Description de la Chine, *dans lequel il présente une vision vivante de la vie chinoise comme, par exemple, le banquet en l'honneur des lauréats aux examens mandarinaux.*

Ceux qui après de rigoureux examens ont été jugé capables d'être mis au nombre des Sieou Tsai, ou bacheliers, se rendent dans la maison du Ti Hio Tao, ou mandarin, avec des vestes de toile noire, et un bonnet ordinaire. Dès qu'ils sont en sa présence, ils s'inclinent, ils se mettent à genoux, et se prosternent ensuite plusieurs fois : après quoi ils se relèvent, et se rangent à droite et à gauche sur deux lignes, jusqu'à ce que le mandarin ait donné ordre de leur présenter des habits propres des bacheliers. On leur apporte des vestes, des surtouts, et des bonnets de soie : chacun prend son habit, et retourne se mettre en ordre, pour se prosterner de nouveau devant le tribunal du mandarin. De là ils marchent avec gravité jusqu'au palais de Confucius, ils s'inclinent profondément, et courbent la tête quatre fois jusqu'à terre devant son nom, et devant ceux des plus célèbres philosophes, comme ils avaient fait auparavant dans la maison du mandarin.

Cette première fonction des bacheliers se fait dans une ville du premier ordre, et personne ne peut en être dispensé, à moins qu'il n'ait des raisons ou de deuil, ou de maladie bien avérées.

Quand les Sieou Tsai sont de retour en leur patrie, ceux du même territoire vont ensemble se prosterner devant le gouverneur qui les attend, et qui reçoit sur son tribunal ces nouvelles marques d'honneur. Il se lève ensuite, il leur offre du vin dans des coupes qu'il élève auparavant en l'air. Dans plusieurs endroits, on leur distribue des pièces de soie rouge, dont chacun se fait une espèce de baudrier : ils reçoivent aussi deux baguettes entourées de fleurs d'argent, qu'ils attachent à droite et à gauche sur leurs bonnets en forme de caducée. Puis le gouverneur à leur tête, ils marchent jusqu'au palais de Confucius, pour achever la cérémonie par ce salut ordinaire, dont nous venons de parler. C'est là comme le sceau qui les établit, et qui les met en possession de leur nouvelle dignité, parce qu'alors ils reconnaissent Confucius pour leur maître, et que par cette action ils témoignent qu'ils veulent suivre ses maximes dans le gouvernement de l'État.

Le lendemain les gouverneurs, les docteurs, et les bacheliers se rendent au son des tambours et des hauts-bois dans la salle du festin. Le maître des cérémonies qui doit régler toute l'action ordonne tantôt de s'incliner, tantôt de se mettre à genoux, tantôt de se courber jusqu'à terre, tantôt de se relever. Quand le temps de la cérémonie est venu, le premier mandarin prend successivement les viandes, le vin, les légumes, et les présente devant la tablette de Confucius, au son des instruments de musique, qui chantent quelques vers en l'honneur de ce grand philosophe. On fait ensuite son éloge, qui n'est guère que de huit ou dix lignes, et qui est le même dans toutes les villes de l'empire; on loue sa science, sa sagesse, ses bonnes mœurs. Ces honneurs, qu'on rend en la personne de Confucius à tous les savants, piquent extrêmement les docteurs d'émulation.

L'action finit par des inclinations, et des révérences réitérées, par le son des flûtes et des hauts-bois, et par les civilités réciproques que les mandarins se rendent les uns aux autres. Enfin on enterre le sang et le poil de l'animal qui ont été offerts, et on brûle en signe de joie une grande pièce de soie, qui est attachée au bout d'une pique, et qui flotte jusqu'à terre à la manière des drapeaux.

Jean-Baptiste Du Halde, *Description géographique, historique, chronologique, politique de l'empire de la Chine*, 1735

« Le plus en vogue est Zhu Xi »

Avec le Père jésuite Séraphin Couvreur (1835-1919) s'annonce une nouvelle ère : celle des dictionnaires, puis des traductions intégrales et juxtalinéaires des textes fondamentaux du confucianisme.

Un grand nombre de commentateurs ont expliqué les livres classiques. Le plus en vogue est Zhu Xi né en 1130 et mort en 1200. Il est le coryphée de l'école fondée par les deux Cheng, sous la dynastie des Song. […]

En les lisant, l'étudiant s'habituera à consulter et parviendra bientôt à comprendre par lui-même les commentaires et les ouvrages modernes du Céleste-Empire. Il aura soin de lire à la fois les deux traductions, en français et en latin, parce que souvent l'une contient des éclaircissements qui ne sont pas dans l'autre […].

Dans les écoles, l'étude des monuments littéraires de l'antiquité précède naturellement celle des chefs-d'œuvre des âges suivants. Car les écrivains se sont toujours approprié, et continuent de s'approprier et de fondre dans leurs périodes, les expressions des anciens livres, comme les prédicateurs dans leurs discours emploient celles de l'Écriture sainte.

Les auteurs anciens nous font connaître les idées qui de tout temps ont été comme l'âme de ce peuple, les principes qui ont toujours régi et régissent encore l'individu, la famille et la société. En Chine, les siècles passent; les traditions, les coutumes demeurent sans altération notable.

L'étude de la littérature est particulièrement recommandée aux missionnaires qui, pour attirer les infidèles et les préparer à recevoir les enseignements chrétiens, comme saint Paul devant l'Aréopage, mettent d'abord en relief les vérités qui se sont conservées d'âge en âge au sein même du paganisme.

Ho kien fou, le 1er mai 1895

Séraphin Couvreur, *Les Quatre Livres*, Paris, Cathasia/Leiden, Brill, 1949

« Populariser la mémoire d'un grand homme »

Le Père Henri Doré s'est rendu célèbre en rassemblant un considérable corpus consacré aux «superstitions en Chine». Ces matériaux constituent une mine de trésors dans laquelle historiens des religions populaires et anthropologues continuent de puiser.

Les biographes flatteurs de Confucius consignent qu'une licorne apparut à la mère de l'enfant, avant la naissance du prédestiné, elle vomit une tablette de jade, sur laquelle était gravée une inscription à la louange du futur chef des lettrés. [...]

La licorne est le symbole d'une ère de paix et de prospérité, c'est une invention flatteuse à la louange de tel homme éminent. Le même animal mystérieux parut aussi à point nommé quand une grande catastrophe approchait, ou quand la mort d'un sage était imminente, par exemple : avant la mort de Confucius, une licorne fut blessée par un chasseur, c'était le signe que le sage approchait de sa tombe.

En résumé, la licorne aussi bien que le dragon et le phénix est un pur cliché chinois, une flatterie insérée dans l'histoire, à la louange de ceux que l'historien veut élever aux nues, ou encore un moyen de populariser la mémoire d'un grand homme, en attirant l'admiration du vulgaire, qui a toujours besoin du merveilleux.

Henri Doré, *Recherches sur les superstitions en Chine*, Shanghai, Imprimerie de la mission catholique, 1911

« Le confucianisme de Boston »

L'une des manifestations les plus étonnantes et les plus dynamiques de ce qui semble bien être un renouveau confucéen est née à Boston, sous l'impulsion du professeur Tu Weiming. L'idée consiste à chercher dans les propos du Sage les éléments qui aideraient à résoudre un certain nombre de problèmes contemporains, comme les relations entre les diverses communautés qui vivent côte à côte dans les villes modernes.

Le projet «Confucianisme de Boston» vise à faire entrer la tradition confucéenne dans la danse des autres grandes traditions, afin de créer une civilisation mondiale. Il consiste notamment à faire entrer la philosophie confucéenne dans le champ des échanges philosophiques, ce pour quoi il doit s'atteler à deux tâches, l'une de dénégation, et l'autre d'affirmation. La tâche de dénégation consiste à montrer que le confucianisme ne s'applique pas seulement à des peuples d'Asie et que l'on peut en fait le transposer dans un environnement plus large, en dehors de l'Asie Orientale, par exemple à Boston. Ce cas de figure exige la prise en compte de problèmes philosophiques importants : la relation qu'entretient une philosophie avec son contexte; et dans quelle mesure une culture philosophique ou religieuse se maintient quand elle change de contexte ou d'époque. La tâche d'affirmation consiste à démontrer qu'il existe dans le confucianisme quelque chose de fondamentalement intéressant et utile pour les discussions philosophiques contemporaines. Ces dernières ne sont pas définies par les seuls philosophes professionnels, mais aussi – et peut-être pour une plus large part – par les besoins de la société en mal de repères. «Boston» constitue partiellement, et non sans ironie, le symbole d'une société post-moderne, reliée tous azimuts, égalitaire, méritocratique, en même temps qu'un centre de la démocratie libérale. De plus, il existe à Boston une «école» d'adeptes du confucianisme, sous la houlette du professeur Tu Weiming qui se consacre à ce projet.

Il existe des confucéens qui ne sont pas Extrême-Orientaux, tout comme il existe des platoniciens qui ne sont pas Grecs, ni même Occidentaux. Mais, pour certains, le concept d'un confucianiste occidental est plus problématique que celui d'un platonicien non-Grec. Certes, le confucianisme ne s'est pas limité à la Chine; il s'est répandu en Corée, au Japon, au Vietnam et ailleurs en Asie orientale, ainsi que dans les diverses diasporas de ces pays. Mais le confucianisme s'est chargé, selon une idée reçue, d'une riche culture fondée sur le respect de la vie familiale et de l'autorité, ce qui ferait son originalité, mais est étranger ou dépourvu de sens pour les cultures originales des autres sociétés. Pour beaucoup, il paraît impensable que le confucianisme se développe hors du cadre d'une culture d'Asie orientale fondée sur la famille. L'essai qui suit examine les conditions nécessaires à une telle transplantation en prenant en compte le fait que le confucianisme puisse être partiellement influencé par le développement de l'«École de Boston», aussi ironique que cela puisse paraître.

Cet essai comporte trois parties. La première pose en hypothèse que les racines du confucianisme peuvent être transplantées et tente de comprendre quelles relations existent entre ces racines et les cultures dans lesquelles on peut les implanter, ainsi que les branches qui pourront y pousser. La seconde partie aborde un point du programme : le «Confucianisme de Boston» vise à restaurer et développer sous une forme purement américaine l'antique emphase placée sur le *li*, les rites. Au cœur du programme se trouve la défense de la thèse selon laquelle le pragmatisme américain offre un langage philosophique occidental qui permet d'exprimer la pertinence de la théorie confucéenne des rites dans le monde moderne. Dans la troisième partie, plusieurs applications pratiques des principes confucéens à divers aspects de la vie de Boston seront présentées comme des projets susceptibles de se développer ultérieurement. […]

Le fait social le plus important à Boston et dans la plupart des cultures modernes est leur diversité raciale, ethnique et religieuse. Les confucéens d'autrefois considéraient qu'ils formaient un groupe homogène (même si c'était une fiction dont se berçaient les Han). […] Les confucéens de Boston doivent prendre conscience que […] la diversité culturelle demande concrètement des habitudes sociales positives, c'est-à-dire des rites de déférence à l'égard des diverses cultures. […] [Ils] ont besoin d'inventer des rites pour la vie de tous les jours.

Robert Cummings Neville,
«The Project of Boston Confucianism»,
in Mou Bo (ed.), *Comparative Approaches to Chinese Philosophy*,
Aldershot, UK, Ashgate, 2003,
traduction et adaptation
par Danielle Elisseeff

Confucius et les femmes

Les vieux lettrés répètent à l'envi que Confucius admirait les femmes puisqu'il aimait profondément sa mère qui l'éleva seule. Il y a beau temps que les femmes des familles progressistes, pour leur part, voient la question différemment. Dès la fin du XIXe siècle, elles dénonçaient l'aliénation sociale et physique (par le biais du bandage des pieds) que leur imposait une tradition obscurantiste et réputée confucéenne.

La pensée chinoise antique s'élabore dans un cercle d'hommes. Celle de Confucius n'échappe pas à la règle, comme l'évoque l'un des personnages auxquels le *Lunyu* donne la parole : «Mon plus grand désir est d'aller, à la fin du printemps, lorsque les vêtements de fête sont prêts, en compagnie de cinq ou six jeunes gens en âge de porter la coiffe et de six ou sept jeunes garçons, me purifier dans les eaux de la Yi, jouir de la brise aux Autels de la Pluie, puis rentrer en chantant» (*Lunyu* XI, 25).

Cherchez la femme dans le *Lunyu* : vous ne la trouverez pas, sinon sous une forme fugitive – donnée en mariage ici, accusée ailleurs de causer la perte du Sage. Interrogé par Zilu sur une visite qu'il fit à la concubine du duc de Wei, Confucius s'empresse de reconnaître ses torts : «Si j'ai fait quelque chose d'inconvenant, puisse le Ciel le maudire, puisse le Ciel le maudire!» (*Lunyu* VI, 26). La femme n'existe, fréquentable et compatible avec la vertu, que dans le cadre du couple parental, objet de toutes les vénérations, sans cesse répétées : Kongzi fait l'éloge de «l'homme qui se dévoue tout entier à son père et à sa mère» (*Lunyu* I, 7), même s'il affirme trois mots plus haut combien la compagnie des sages est préférable à celle des femmes. Mais une mère est-elle encore une femme? L'amour qu'on lui porte forme le pendant du respect dû au père, selon un binôme dicté par la nature, car «un nouveau-né met trois ans à sortir du giron de ses parents, aussi le deuil filial est-il de trois ans universellement» (*Lunyu* XVII, 21).

C'est seulement à l'époque des Han que la littérature commence à traiter du rôle des femmes, tout comme elle formalise l'organisation de l'État. Les deux principaux traités de ces temps seront inlassablement réédités, complétés, glosés. Liu Xiang (vers 77-6 av. J.-C.) compose le plus ancien – les «Biographies féminines» (*Lienüzhuan*) – classant 125 héroïnes en six groupes. Chacun comporte un nombre égal de figures recommandables et d'autres, dépravées : les jeunes femmes pourraient ainsi apprendre à imiter les unes et ne pas copier les autres.

Un peu plus d'une génération plus tard, c'est une femme, célèbre historienne, Ban Zhao (vers 48-116 apr. J.-C.) qui écrit des «Instructions pour les femmes» (*Nüjie*), instituant des modèles comportementaux commentés et remis au goût du jour jusqu'à la fin de l'Empire. Chez elle apparaît le thème confucéen des «cinq relations» dans lesquelles la femme ne figure qu'une fois – et encore – caractérisée par la différence (*bie*). Zhu Xi le dit clairement beaucoup plus tard, au XIIe siècle, dans l'un de ses ouvrages célèbres, les «Rituels familiaux» (*Jiali*) : «Entre le père et le fils, il y a de l'affection. Entre le souverain et le ministre, il y a de la rectitude. Entre le mari et la femme, il y a de la différenciation. Entre l'aîné et le cadet, il y a de l'ordre. Entre les amis, il y a de la confiance.» Et il ajoute, en écho au «Livre des rites» (*Liji*) : «À partir de l'âge de dix ans, une petite fille ne devrait pas sortir. On devrait lui apprendre à être soumise et gentille [...], à s'occuper des affaires féminines, à prendre soin des vêtements, à respecter les rites sacrificiels et à y aider.»

Au fil des siècles, de tels propos, ressassés de génération en génération, identifient toujours davantage la relation homme/femme à celle du souverain/sujet. Et la soumission féminine, accentuée par l'impossibilité pour les femmes de se présenter aux examens impériaux, grandit en même temps que l'absolutisme politique, à telle enseigne que les féministes d'aujourd'hui reprochent aux lettrés d'avoir favorisé leur propre déchéance, et la décadence de l'État, en imposant sans partage leur autorité à leurs compagnes.

À partir du milieu des Ming, le phénomène atteint parfois des paroxysmes. Il est admis dans les familles qui se piquent d'éducation que les personnes de sexe différent ne doivent jamais se toucher hors de l'intimité la plus stricte et la plus conjugale. Les hommes et les femmes de la maison vivent donc séparés. Quand la famille est un peu moins riche et ne peut résoudre, en multipliant les bâtiments, les épineux problèmes d'étiquette nés d'une telle situation, le moindre repas risque de tourner à la catastrophe, si, par exemple, la main d'un adolescent vient à frôler celle de sa cousine.

S'il faut en croire des enquêtes récentes, ces interdits d'un autre âge subsistent sous une forme résiduelle dans la société d'aujourd'hui. Souterrains, ils pourraient renaître au moindre signe de réarmement moral, ou pour contrebalancer une dérive jugée excessive vers la seule connotation physique des rapports entre les sexes.

Il est difficile de délimiter ce qui, dans ce comportement, relève d'une tradition remontant à la nuit des temps ou d'un apport jugé confucéen. Dans la plupart des cas, il semble que les deux ne fassent qu'un et que Confucius, dans la mesure où il serait intervenu sur ce thème, l'aurait traité exactement comme il le fit des textes auxquels il consacra une bonne partie de sa vie : n'inventant rien, il aurait remis de l'ordre dans des préceptes venus du fond des âges. Cela expliquerait comment sa vision du problème peut à la fois sembler très pragmatique, et très archaïque.

Il ne faut jamais oublier enfin que Confucius représente le pur produit d'une société très ancienne, au moment où elle s'ouvre aux notions de rationalité et d'humanisme dont le Sage est précisément le porteur privilégié. Confucius développe une pensée fine, mais le monde reste néanmoins, au quotidien, régi comme avant par la force des hommes et la capacité des femmes à porter des enfants.

Danielle Elisseeff, 2003

CHRONOLOGIE CHINOISE TRADITIONNELLE

Vers 2000-1800 av. J.-C.
Dynastie Xia

Vers 1800-1050 av. J.-C.
Dynastie Shang (ou Yin)

Vers 1050-256 av. J.-C.
Dynastie Zhou
- 1050-770 Zhou occidentaux
- 769-256 Zhou orientaux
  - 722-481 Époque « des Printemps et des Automnes » (époque de Kongzi)
  - 453-221 Époque des Royaumes combattants

221-206 av. J.-C.
Dynastie Qin, fondation de l'Empire

206 av. J.-C.-220 apr. J.-C.
Dynastie Han
- 206 av. J.-C.-25 apr. J.-C. Han occidentaux ou Han antérieurs
- 25-220 Han orientaux ou Han postérieurs

220-265 Période des Trois Royaumes
265-420 Dynastie Jin
420-581 Dynasties du Sud et du Nord
581-518 Dynastie Sui
618-907 Dynastie Tang
907-960 Période des Cinq Dynasties
960-1278 Dynastie Song
1279-1368 Dynastie Yuan (Mongols)
1368-1644 Dynastie Ming
1644-1911 Dynastie Qing (Mandchous)
1912-1949 République
Depuis 1949 République populaire de Chine

LA VIE LÉGENDAIRE DE KONGZI

551 Naissance de Kongzi.
550 Mort de son père.
534-532 Kongzi gère un grand domaine agricole ; il quitte le Lu, va au pays de Qi, puis au Song, puis au Wei ; il se trouve pris dans les conflits qui opposent le Chen et le Cai ; il finit par revenir au Lu.
532 Kongzi se marie.
531 Il lui naît un fils.
530 Kongzi commence à enseigner.
528 Sa mère disparaît.
522 Le duc Jing de Qi, venu faire visite au Lu, consulte Kongzi.
518 Kongzi se rend à Luoyang pour s'informer au sujet des rites des Zhou ; il rencontre Laozi. À son retour, les disciples affluent à sa porte.
517 Le duc Zhao lance ses troupes contre un notable local au sujet d'un combat de coqs. L'affaire se termine piteusement pour le duc Zhao qui doit s'enfuir au Qi. Kongzi finit par s'y rendre aussi ; tout le monde admire sa connaissance de la musique.
501 Le duc Ding, de Lu, nomme Kongzi gouverneur de Zhongdu.
500 Le duc de Lu et le duc de Qi se rencontrent ; Kongzi s'élève contre le caractère, à ses yeux, grotesque et inconvenant de la musique jouée à cette occasion par les gens du Qi ; il fait mettre à mort les acrobates nains dont les danses le choquent. Honteux d'avoir provoqué la fureur du Sage, le duc de Qi rend au Lu des terres dont il s'était emparé.
497 Kongzi exerce la charge de ministre de la Justice (ou des châtiments).
496 Kongzi devient conseiller auprès du duc Ding. Il fait mettre à mort un grand officier, sous l'accusation de semer le désordre dans le pays. Puis Kongzi quitte le Lu, désespéré par la conduite licencieuse de son duc. Il se rend dans le pays de Wei.
495 Kongzi se rend au pays de Chen, puis au Song et finit par revenir au Wei.
Le duc Ding de Lu meurt. Des hommes cherchent à tuer Kongzi. Il se rend au pays de Zheng, puis de Chen.
493 Il retourne au Wei. Il apprend à jouer du luth auprès d'un célèbre maître de musique.
492 Il séjourne au pays de Chen.
491 Il se rend au pays de Cai.
489 Il tente de se rendre au Chu, mais les troupes du Chen et du Cai l'encerclent ; les soldats du Chu viennent le libérer.
Yan Hui, son disciple préféré, meurt.
484 Kongzi revient au Lu ; comme on ne lui propose aucune charge, il se consacre aux études philologiques et à l'enseignement.
481 Kongzi, appelé par des chasseurs, identifie – grâce à sa connaissance des textes de l'antiquité – une licorne.
480 Kong Li, son fils, puis Zilu, son disciple préféré, meurent.
479 Kongzi, profondément marqué par ces deuils successifs, quitte ce monde.

BIBLIOGRAPHIE

Sources

– Brooks, Takeo, *The Original Analects : Sayings of Confucius and His Successors*, Columbia University Press, New York, 1998.
– Chavannes, Édouard, *Les Mémoires historiques de Se-ma Ts'ien,* tomes I à VI, Adrien Maisonneuve, Paris, 1967.
– Cheng, Anne, *Les Entretiens de Confucius*, Le Seuil, Paris, 1981. Toutes les citations des « Entretiens » sont tirées de cet ouvrage.
– Couvreur, Séraphin, *Les Quatre Livres,* Imprimerie de la mission catholique, Ho Kien fou, 1912.
– Dawson, Raymond, *Confucius : The Analects,* Oxford University Press, Oxford, 1993.
– Lévy, André, *Confucius. Entretiens avec ses disciples*, Flammarion, Paris, 1994.
– Ryckmans, Pierre, *Les Entretiens de Confucius*, Gallimard, Paris, 1987.

Biographies

– Creel, H. G., *Confucius, The Man and the Myth*, The John Day Co., New York, 1949.
– Étiemble, René, *Confucius*, Gallimard, Paris, 1986.
– Inoue Yasushi, *Confucius*, Stock, Paris, 1992.
– Lévi, Jean, *Confucius*, Pygmalion, Paris, 2002.
– Lin Yutang, *La Sagesse de Confucius*, Victor Attinger, Paris, 1949.
– Rygaloff, Alexis, *Confucius*, PUF, Paris, 1946.

Ouvrages généraux

– Bujard, Marianne, *Le Sacrifice au Ciel dans la Chine ancienne. Théorie et pratique sous les Han occidentaux*, École française d'Extrême-Orient, Paris, 2000.
– Cheng, Anne, *Histoire de la pensée chinoise*, Le Seuil, Paris, 1997.
– Cheng, Anne, « Les "Entretiens" de Confucius. Un aperçu des traductions du XXe siècle en langues européennes », in *Revue bibliographique de sinologie*, EHESS, Paris, 1987.
– Ching, Julia, « Sung Philosophers on Women », in *Monumenta Serica* 42, 1994.
– Chow Kai-wing, *The Rise of Confucian Ritualism in Late Imperial China. Ethics, Classics and Lineage Discourse*, Stanford University Press, Stanford, 1994.
– Despeux, Catherine (ed.), *Bouddhisme et lettrés dans la Chine médiévale*, Peeters, Louvain, 2002.
– Desroches, Jean-Paul (ed.), *Confucius*, catalogue de l'exposition du musée des Arts asiatiques-Guimet, RMN, Paris, 2003.
– Elisseeff, Danielle, « Les enterrements d'animaux en Chine ancienne : le cas du chien de Confucius », *in* Liliane Bodson (ed.), *La Sépulture des animaux : concepts, usages et pratiques à travers le temps et l'espace*, Université de Liège, Liège, 2001.
– Faure, Sophie, *Manager à l'école de Confucius,* Éditions d'Organisation, Paris, 2003.
– Gernet, Jacques, *L'intelligence de la Chine : le social et le mental*, Gallimard, Paris, 1994.
– Goossaert, Vincent, *Dans les temples de la Chine : histoire des cultes, vie des communautés*, Albin Michel, Paris, 2000.
– Granet, Marcel, *La Pensée chinoise*, La Renaissance du Livre, Paris, 1934.
– Jullien, François, *Procès ou création : une introduction à la pensée des lettrés chinois*, Le Seuil, Paris, 1989.
– Jullien, François, *Traité de l'efficacité*, Grasset, Paris, 1997.
– Lauwaert, Françoise, *Le Meurtre en famille : parricide et infanticide en Chine, XVIIIe-XIXe siècle*, Odile Jacob, Paris, 1999.
– Loewe, Michael, Shaugnessy, Edward L. (eds.), *The Cambridge History of Ancient China from the Origins of Civilization to 221 BC*, Cambridge University Press, Cambridge, 1999.
– Nguyen Tri, Christine, Despeux, Catherine (eds.), *Éducation et instruction en Chine. I. L'Éducation élémentaire*, Peeters, Louvain, 2003.
– Nylan, Michael, « Sima Qian : A True Historian ? », in *Early China* 23-24, 1998-1999.
– Sterckx, Roel, *The Animal and the Daemon in Early China*, State University of New York Press, Albany, 2002.
– Taylor, Rodney L., « The Religious Character of the Confucian Tradition », in *Philosophy East and West* 48, 1, Hawaii, 1998.
– Thoraval, Joël (ed.), *Mou Zongsan : spécificités de la philosophie chinoise*, traduit du chinois par Ivan P. Kamenarovic et Jean-Claude Pastor, Le Cerf, Paris, 2003.
– Tu Weiming, de Bary, Theodore (eds.), *Confucianism and Human Rights*, Columbia University Press, New York, 1998.
– Wakeman, Frederic, Jr., *The Great Enterprise : The Mandchu Reconstruction of Imperial Order in Seventeenth Century China*, University of California Press, Berkeley, CA, 1985.
– Wilson, Thomas A. (ed.), *On Sacred Grounds : Culture, Society, Politics, and the Formation of the Cult of Confucius,* Harvard University Asia Center, Cambridge, MA, 2002.
– *Zhongguo ruxue baike quanshu/Encyclopedia of Confucianism in China*, Zhongguo dabaike chubanshe, Beijing, 1997.

TABLE DES ILLUSTRATIONS

COUVERTURE

1er plat Portrait de Confucius (détail), encre et couleurs sur papier, vers 1770. BnF, Paris.
Dos Kong fuzi (« Confucius »), encre sur papier, calligraphie contemporaine de Ye Xin.
2e plat Confucius gère un domaine agricole, *in* l'album « Vie de Confucius », peinture, encre et couleurs sur soie, XVIe s. Direction du patrimoine, Qufu, in *Sur les traces du Sage*, Shandong Friendship Press, 6e édition 2002 (1re édition 1989).

OUVERTURE

1 Portrait de Confucius, xylographie, XVIIe s. Coll. part.
2-3 Confucius est à la tête d'un domaine agricole, *idem*.
4-5 Confucius et ses disciples s'abritent de la pluie, *idem*.
6-7 Confucius conversant avec le duc de Lu, *idem*.
8-9 Tumulus de Confucius entouré de ses disciples, seul Zigong reste pour garder la tombe, *idem*.
11 Temple de Confucius à Qufu : entrée du palais Dacheng, 1724.

CHAPITRE 1

12 Statue de Confucius commandée par les autorités chinoises à Qufu à l'occasion du cinquantenaire de la République populaire de Chine, 1er octobre 1999.
13 Cloche, bronze, VIIIe-Ve s. av. J.-C. The Minneapolis Institute of Arts : Alfred F. Pillsbury Collection.
14 Récipient en forme de char, bronze, époque des Printemps et des Automnes, VIIIe-Ve s. av. J.-C. provenant de Yuandingshan (Gansu), in *Wenwu (Cultural Relics)*, 2002, 2.
15h Vue du fleuve Jaune dans le Shandong.
15b Situation du pays de Lu en Asie orientale. Infographie d'Édigraphie, Rouen.
16 Plastron de tortue, écaille utilisée pour la divination, époque Shang, XIIe s. av. J.-C. Institut d'archéologie, Pékin.
16-17b « Murailles de Ta-t'ong-fou », photo d'Édouard Chavannes, 1907. Musée national des Arts asiatiques-Guimet (musée Guimet), Paris.
17h Poignard avec incrustations de turquoise, époque Shang, XIIIe-XIIe s. av. J.-C., et hallebarde, époque des Zhou orientaux, Ve-IIIe s. av. J.-C. Royal Ontario Museum, Toronto.
18b Rituels avec musique, détail d'un vase *hu*, bronze, époque des Royaumes combattants, Ve-IVe s. av. J.-C. *Idem.*
18-19h Brique ornementale avec représentation de chevaux et d'attelages, élément d'architecture funéraire, terre cuite traitée en bas relief, époque des Han orientaux. Coll. part.
20-21b Les premiers disciples de Confucius dont Zilu, Zengzi et Yan Hui, estampage d'après un bas-relief Han.
21h Caractères *Lunyu* (« Entretiens »), encre sur papier, calligraphie de Ye Xin.
22 Portrait de Laozi (Lao-tseu) sur son buffle, encre et couleurs sur soie, époque Ming. National Palace Museum, Taipei.
23 Portrait de Confucius gravé sur pierre, stèle, époque Tang. Musée de la Forêt des Stèles, Xi'an.
24 Textes sur fiches de bois, début des Royaumes combattants, provenant de fouilles récentes à Liye (Hunan), in *Wenwu*, 2003, 1.
25 Portrait de Confucius avec deux de ses disciples, Yan Hui et Zeng Shen, peinture, encre et couleurs sur soie, le texte du *Lunyu* est calligraphié sur leurs vêtements, époque Ming. Direction du patrimoine, Qufu.

CHAPITRE 2

26 Confucius et ses disciples, encre et couleurs sur papier, époque Qing. BnF, Paris.
27 Kong fuzi (« Confucius »), encre sur papier, calligraphie de Ye Xin.
28 Vue du mont Taishan, Shandong.
28-29 La mère de Confucius entend une musique céleste lors de la naissance de son fils, *in* l'album « Vie de Confucius », peinture, encre et couleurs sur soie, XVIe s. Direction du patrimoine, Qufu, in *Sur les traces du Sage*, Shandong Friendship Press, 6e édition 2002 (1re édition 1989).
30-31 Le duc de Lu offre une carpe à Confucius en l'honneur de son fils, xylographie, XVIIe s. Coll. part.
32 Confucius et ses élèves, panneau dans le temple de Confucius à Jiuxiang, Hanyan (Sichuan), XXe s.
32-33 Portrait de Confucius, peinture, *in* un album d'époque Song. Coll. part.
34 Carte des principautés de la grande Plaine centrale à l'époque de Confucius. Infographie d'Édigraphie, Rouen.
34-35 Voyage de Confucius dans une carriole tirée par des bœufs, estampage, époque Ming, monté en rouleau au XIXe s. Musée Guimet, Paris.
36hg Le duc de Qi fait envoyer des chevaux et des femmes au duc de Lu, *in* l'album « Vie de Confucius », peinture, encre et couleurs sur soie, XVIe s. Direction du patrimoine, Qufu, in *Sur les traces du Sage*, Shandong Friendship Press, 6e édition 2002 (1re édition 1989).

36-37b Un ennemi tente d'écraser Confucius sous un arbre, *idem.*
37hd Entrevue du duc de Lu et du duc de Qi, *idem.*
38hg Confucius et ses disciples demandent à un paysan de leur indiquer le bac pour traverser la rivière, *idem.*
38-39b Confucius et ses disciples, encerclés par les armées ennemies risquent de mourir de faim, *idem.*
39hd Confucius enseigne les rites et la musique, *idem.*
40 Tombes de Confucius, de Kong Li, son fils, et de Kong Ji, son petit-fils, xylographie, XVIIe s. Coll. part.
41 Tombe de Confucius à Qufu, photo d'Édouard Chavannes, 1907. Musée Guimet, Paris.

CHAPITRE 3

42 Portrait de Confucius enseignant à ses disciples, œuvre de Li Tang (1050-1130), peinture, encre et couleurs sur soie. Direction du patrimoine, Qufu.
43 Caractère *de* (« vertu »), encre sur papier, calligraphie de Ye Xin.
44 Caractère *yue* (« musique »), *idem.*
44-45h Carillon de soixante-cinq cloches, période des Royaumes combattants. Musée provincial du Hubei, Wuhan.
45 Confucius jouant de la cithare, bas-relief en pierre. Temple de Confucius, Jiangshui (Yunnan).
46 Disque *bi* en jade avec des motifs de dragon et de phénix, période des Royaumes combattants. Musée municipal, Luoyang, Henan.
46-47b Inscriptions gravées au sommet du mont Taishan, lors des sacrifices au Ciel et à la Terre, l'une d'elle porte la mention de l'empereur Xuanzong de la dynastie Tang.
47 Caractères *tianming* (« mandat céleste »), encre sur papier, calligraphie de Ye Xin.
48h Caractère *yi* (« sens du juste »), *idem.*
48m Caractère *zhong* (« loyauté »), *idem.*
48b Caractères *shengren* (« saint »), *idem.*
49g Phrase du *Lunyu*, *idem.*
49d Caractère *ren* (« sens de l'humain »), *idem.*
50 Bannière funéraire provenant du tombeau de Dame Dai, début de l'époque Han. Mawangdui, Changsha (Hunan).
51h Caractères *zhongyong* (« milieu juste et constant »), encre sur papier, calligraphie de Ye Xin.
51b Personnage pratiquant un rituel, bronze, période des Royaumes combattants, provenant de fouilles récentes à Luoyang, Henan, in *Kaogu Xuebao (Acta Archeologia Sinica)*, 2002, 3.
52 Caractère *xiao* (« piété filiale »), encre sur papier, calligraphie de Ye Xin.
53h, m et **b** Des enfants servent leurs parents, un lettré descend de sa monture pour saluer un vieillard et un lettré se prosterne devant son souverain, *in* un rouleau sur la piété filiale, encre et couleurs sur soie, XIIe s. National Palace Museum, Taipei.
54 Phrase du *Lunyu*, encre sur papier, calligraphie de Ye Xin.
55 Portrait de Confucius, encre et couleurs sur papier, vers 1770. BnF, Paris.

CHAPITRE 4

56 Réunion de lettrés, d'après l'œuvre de Zhou Wenju (Xe s.), encre et couleurs sur soie, copie d'époque Qing. Freer Gallery, Smithsonian Institution, Washington.
57 Fragments de stèles en pierre gravée portant le texte du *Xiping shijing* ou « classiques sur pierre de l'ère Xiping », IIe s. Musée provincial du Shandong, Jinan.
58 Personnage en bronze, détail d'une lampe à huile, époque des Royaumes combattants. Institut des vestiges culturels de la province du Hebei.
59 Scène de chasse avec animaux fantastiques, fragment de bois, décor laqué noir et rouge, époque des Royaumes combattants, V^e-IVe s. av. J.-C. Bureau du patrimoine du Henan.
60 Statue de Confucius devant le temple de Confucius, Nankin (Jiangsu).
61h Banquet de lettrés, brique funéraire à décor estampé, époque Han. Musée Cernuschi, Paris.
61b Portrait de Mencius, peinture, couleurs sur papier, in *Portraits des Chinois célèbres*, XVIIIe s. BnF, Paris.
62-63b Armée de soldats en terre cuite du Premier Empereur Qin Shihuangdi (221-210 av. J.-C.) découverte près de sa tombe à Xi'an.
63 Le Premier Empereur ordonne de brûler les livres et d'éliminer les lettrés, peinture, couleurs sur soie, in *Histoire des empereurs chinois*, XVIIe s. BnF, Paris.
64-65h Bas-relief représentant une riche demeure et des chars de dignitaires, grès, époque des Han postérieurs, IIe s. Musée Guimet, Paris.
65 Dignitaires assistant à un spectacle de jongleurs et d'acrobates, figurines en céramique, époque Han. Musée du Shandong, Jinan.
66 Exorciste, terre cuite, époque des Trois Royaumes. Musée Cernuschi, Paris.
67g Disque *bi* en jade, époque Han. Musée Guimet, Paris.

67d Statuette de fonctionnaire, terre cuite polychrome, provenant du mausolée de Jingdi (156-141 av. J.-C.), Xianyang (Shaanxi). Musée archéologique de Xianyang.
68 Stèle bouddhique (détail), calcaire, Chine, VIe s. Musée Guimet, Paris.
68-69h « Le Lotus de la vraie doctrine » *(Saddharmapundarika)*, manuscrit bouddhique, encre et couleurs sur papier, VIIIe s., provenant de Dunhuang (Gansu). BnF, Paris.
70 Pèlerins sous la pluie, peinture, encre et couleurs sur soie, époque Tang. Grottes bouddhiques de Dunhuang (Gansu).
71 Le moine bouddhiste Xuanzang, peinture, encre et couleurs sur soie, vers 900, provenant de Dunhuang (Gansu). Musée Guimet, Paris.
72-73 Texte sur la piété filiale, estampage d'une inscription sur pierre d'époque Tang.
73 Portrait de l'empereur Wu des Jin (265-290), peinture, *in* le rouleau *Empereurs de jadis*, encre et couleurs sur soie, attribué à Yan Liben, époque Tang. Museum of Fine Arts, Boston.
74 Les examens impériaux, peinture, couleurs sur soie, in *Histoire des empereurs chinois*, école chinoise, XVIIIe s. BnF, Paris.
75 Étudiants attendant le résultat de leurs examens, peinture, encre et couleurs sur soie, XVIIIe s. Coll. part.
76h Portrait de Liu Wenyao, encre et couleurs sur papier, époque Qing. Musée Guimet, Paris.
76b Portrait du vénérable Liu Fengquan, encre et couleurs sur soie, époque Ming. *Idem.*
76-77 Portrait d'un lettré, peinture, encre et couleurs sur soie, époque des Song du Nord, XIe s. National Palace Museum, Taipei.
78h Portrait de Confucius, peinture d'après Ma Yuan, époque des Song du Sud, 1130-1279.
78b Confucius, Laozi et le Bouddha, encre sur soie. Musée des tissus, Lyon.
79 Stèles portant des textes classiques. Musée de la Forêt des Stèles, Xi'an.
80 Portrait de Zhu Xi (1130-1200), peinture. Coll. part.
80-81b Commentaire des Quatre Livres « La Grande Étude », « L'Invariable Milieu », les « Entretiens » et le « Mengzi » par Zhu Xi, provenant de la tombe de Zhutan, roi de Lu à l'époque Ming. Musée provincial du Shandong, Jinan.
81 Lettré à cheval, détail du rouleau *En remontant la rivière lors de la fête du Qing Ming* par Zhang Zeduan, époque Song, début du XIIe s. National Palace Museum, Pékin.

CHAPITRE 5

82 Statue de Confucius dans les jardins du Tiger Balm à Singapour.
83 *Confucius*, bande dessinée contemporaine, Jindun chubanshe, Pékin, 2001.
84 Fonctionnaires civil et militaire, pierre sculptée, époque Ming. Coll. part.
85 Temple de Confucius à Taipei, Taiwan.
86 Statuette de Confucius en mandarin, bronze, époque Qing, 1644-1911. Musée Guimet, Paris.
86-87b Le premier sillon ouvert par l'empereur, détail du rouleau *Qingeng tu*, peinture sur soie, époque Qing, règne de Yongzheng (1723-1735). *Idem.*
88 Stèles érigées en l'honneur des lauréats aux examens impériaux, photo. Jardin du temple de Confucius, Pékin.
89 Statue contemporaine de Confucius dans le temple de Confucius, Qufu.
90-91h Dignitaires mandchous se prosternant lors d'une cérémonie à la mémoire de Confucius, photo, fin XIXe-début XXe s.
91 Cérémonie traditionnelle de mariage en Chine, photo, 1921.
92h Travailleurs d'une usine lisant sur les murs des *dazibao* critiquant Confucius, photo, février 1974.
92b « Lin Biao et Confucius sont de mauvaises choses », affiche de propagande, années 1970.
93 Mao Zedong, les Chinois et le Petit Livre rouge, affiche de propagande de la Révolution culturelle, années 1970.
94 Fête célébrant le 2547e anniversaire de la naissance de Confucius devant le palais Dacheng du temple de Confucius à Qufu, Shandong, photo, 1995.
95 Nouvelle Bourse de Shanghai, photo, 1997.
96 Cimetière de la famille de Confucius à Qufu, Shandong, photo.

TÉMOIGNAGES ET DOCUMENTS

97 Portrait de Confucius *in* Du Halde, *Description de la Chine,* 1735.
100 Portrait de Confucius, gouache sur papier, XVIIe s. BnF, Paris.
107 Portrait de Confucius, encre sur soie, œuvre de Kanô Tanyû (1602-1674), peintre japonais de l'époque d'Edo.
109 Une école confucéenne au « village des immortels » en Corée-du-Sud, photo, fin XXe siècle.

INDEX

A

« Annales des Printemps et des Automnes » voir *Chunqiu*.
Asie centrale 69, 70.
Asie du Sud-Est *71*.

B

Baimasi *voir* « Temple du cheval blanc ».
Bi, disque *46*, *51*, *66*.
Bible *57*.
Bouddha/Bouddhisme 69, *69*, 71, *71*, 72, *72*, 73, *73*, *79*, 90.

C

Cai, principauté *35*, *39*, 40.
« Cent Écoles » *58*.
« Cent Fleurs », campagne des *58*.
Chang'an, capitale des Han et des Tang 71.
Chavannes, Édouard *41*.
Chen, principauté *39*, 40.
Cheng Hao 78.
Cheng Yi 78.
Chengdi (empereur Cheng), des Han 66, 67.
Christianisme 88.
Chu, duc de *39* ;
– principauté *39*, 40.
Chunqiu (« Annales des Printemps et des Automnes ») 20, *80*, 87.
Ciel (*tian*) 45, 52, 66, *66*, 67, 68, 84, 89 ;
– culte 68 ;
– mandat 72, 84, 86.
Cinq Classiques 72, 73, *80*, 87, 88, *88*, 89, 94.
Cœur (*xin*) 48, 51, 84.
Corée 70.

D

Dai Zhen 87.
Dao (« Voie ») 48, 52, *55*, 81, 87.
Daxue (« La Grande Étude ») 66, 80.
De (« vertu ») *43*, 48, *55*, 66, 67.
Deng Xiaoping 94, *94*.
Dong Zhongshu 64, 65, 66.
Dun (« illumination subite ») 69.
Dunhuang, oasis *70*.

E - F

« Entretiens » voir *Lunyu*.
Erya, dictionnaire *80*.

Fa (« loi ») 95.
Fen (« lot reçu en partage ») 46.
Fengshan (« sacrifices au Ciel et à la Terre ») *47*, *66*.
Fleuve Jaune 14, *15*, 16, 55, 79.
« Forêt des Stèles » *79*.

H

Han, dynastie 20, *20*, *21*, *25*, *51*, *57*, *62*, 64, *66*, 68, 71, 78, *79*, *80* ;
– principauté 61, 64.
Han Yu 72.
Henan, province 40.
Huai, fleuve 14.
Huang Zongxi 86.
Hubei, province 24.
Huizong, empereur Song 79.
Hunan, province 86.

G

Geming (« changement de mandat ») 52.
Gong (« intérêt général ») 95.
Grand Canal 71.
« Grande Étude », La voir *Daxue*.
Grande Plaine centrale 14, 29, *34*, 40, 61, 62.
« Grotte du daim blanc », académie de la 81.
Gu Yanwu 86.
Guo (« pays ») 61.
Guodian, site archéologique 24, 25.
Guoli (« rituels d'État ») 90.

I - J

Inde *71*.
« Invariable Milieu », L' voir *Zhongyong*.
Islam 88.

Japon 90.
Jiali (« rituels familiaux ») 90.
Jian (« illumination graduelle ») 69.
Jiangxi, province 80.
Jinshi (« docteur ») 75.
Junzi (« fils de seigneur ») 48.
Jurchen, peuple 79.

K

Kang Youwei 88.
Kangxi, empereur Qing 87.
Kong, famille de Confucius 28, *28*, 29, 66, *95*.
Kong Ji, petit-fils de Confucius *40*, *61*.
Kong Jia, ancêtre de Confucius *31*.
Kong Li, fils de Confucius *30*, *40*.
Kong Yingda 72.

L

Laozi (Lao Tseu) *22*, *31*, *79*.
Li *voir* Kong Li.
Li (« principe») 95.
Li (« rites ») 16, 50.
Li Si 63.
Liang Qichao 88.
Liji (« Traité des Rites ») 20, 80, *80*.
Lin Biao *93*.
Lintong *62*.
Liu Bang, fondateur des Han *62*, 64.
Liu shu voir « six arts ».
« Livre de la Musique » voir *Yuejing*.
« Livre de la Piété filiale » voir *Xiaojing*.
« Livre des Documents historiques » voir *Shujing*.
« Livre des Mutations » voir *Yijing*.
« Livre des Poésies » voir *Shijing*.
Lixue (« école du Principe ») 73 78, *79*.
Lu, duc de *30*, 31, 34, 35, *37* ;
– principauté 14, 15, *15*, 29, 31, 33, 35, *37*, *39*, 41, *44*, 58, 59, *61*, 71.
Lunyu (« Entretiens ») 20, *21*, 24, 32, 33, 46, 47, 48, 49, *49*, 50, 51, *51*, 52, 54, 62, 66, 80, *80*, 81, 91, *93*, 95, *95*.
Luoyang, ville 55, 68.

M

Mandchous *75*, 86, 87.
Mao Zedong *58*, 83, 91, *93*.
Marco Polo 79.
Mémoires historiques (Sima Qian) 21, 43, *44*, *64*.
Mencius *voir* Mengzi.
Mengzi 14, 60, *61*, 63, 65, 80, 85.
Mengzi, écrits du « Maître Meng » 66, 80, *80*.
Ming, dynastie 25, *79*, 84, 86.
Ming (« destin ») 25.
Mingdi (empereur Ming), des Han 68.
Mongols 79, 81, 84.
Mozi 58.
Musique rituelle voir *yue*.

N - O

Nankin, ville 85, 86.
Néo-confucianisme voir *lixue*.
Ni, demi-frère de Confucius 28.

Occident/Occidentaux 13, *22*, 54, 68, 71, 84.
Ouyang Xiu 78.

P

Pékin, ville *88*.
Petit Livre rouge 91, *93*.
Premier Empereur, des Qin 27, 62, *62*, 63, *63*, 64, *80*, 91.
Premier Empire 62, 64.
Printemps et des Automnes, époque des *13*, 14, *14*, 15, 33.

Q

Qi, duc de 35, *37* ; – principauté 14, *37*, 61.
Qianlong, empereur Qing 87.
Qin, dynastie 64 ; – principauté 61, 62.
Qin Shihuangdi *voir* Premier Empereur.
Qing, dynastie *75*, 86.
Qing (« affectivité ») 95.
Qingtan (« conversations pures ») 70.
« Quatre Livres » 79, 80, *80*, 81, 94.
Qufu, ville 14, 41, *41*, *89*, 94, *94*, *95*.

R

Ran Qiu, disciple de Confucius 21.
Ren (« sens de l'humain ») 48, 49, *49*, 50, 51, 54, *55*.
Renzong, empereur Song 81.
République chinoise 91.
République populaire de Chine 83, 94.
Révolution culturelle *93*.
Royaumes combattants, époque des 22, 55, *58*, *59*.
Ru (« lettrés ») 19, 58, 71, 84.
Rujiao (« enseignement lettré ») 58.

S

Sacrifices au Ciel et à la Terre voir *fengshan*.
Shandong, province 14, *15*.
Shang, dynastie 16, *16*, 17, *19*, 28, 48, 52.
Shanghai, ville *46*; – Bourse de *95*.
Shao Yong 78.
Shendao (« chemins des esprits ») 95.
Shengren (« homme de bien ») *48*, 54.
Shi (catégorie sociale) 18, 19, 35, 58, 63.
Shiji voir *Mémoires historiques*.
Shijing (« Livre des Poésies ») 20, *39*, *80*.
Shu (« mansuétude ») 50.
Shujing («Livre des Documents historiques») 20, *80*.
Shuliang He, père de Confucius 28.
Shuyuan, écoles 78.
Siku quanshu, encyclopédie *75*.
Sima Qian 21, 22, *22*, *31*, *41*, 43, *44*, *62*, *64*, *66*.
Singapour, ville *83*.
« Six arts » (*liu shu*) 18, 54.
Song, dynastie *33*, *41*, *55*, 72, 73, 79, *79*, *80*, 88, 90 ; – principauté 29, *31*, 40, 61.
Sui, dynastie 70, 71.

T

Taishan, mont *28*, *47*, *66*.
Taïwan 94.
Taklamakan, désert *70*.
Tang, dynastie *22*, *47*, 70, 71, *71*, 72, *72*, *73*, 78, *79*, *80*, 85, *85*.
Taoïsme 22, *59*, 73, *79*, 90.
« Temple du cheval blanc », atelier de traduction du 69.
Tian voir Ciel.
Tiandao (« voie céleste ») 25.
Tianming (« décret du Ciel ») 46, *47*.
Tianshan, chaîne de montagnes *70*.
Tianxia (« sous le ciel ») 16.
« Traité des Rites » voir *Liji*.
« Turbans rouges » 84.

U - V

Unesco 83.

Vertu voir *de*.
Voie voir *dao*.

W

Wang Fuzhi 86, 87.
Wang Yangming 84, 85, 86.
Wei, principauté 40, 41, *44*, 61 ; - rivière 16.
Wen (« civilisation ») 16.
Wendi (empereur Wen), des Sui 71.
Wu (« capacité militaire ») 16.
Wu («l'indifférencié») 69.
Wudi (empereur Wu), des Han *47*, 64, 66, *80*.

X

Xi'an, ville *62*, 71, *79*.
Xiao (« piété filiale ») 51, *52*, 65, 91.
Xiaojing (« Livre de la Piété filiale ») *80*.
Xin (« confiance ») 52.
Xing (« nature des choses ») 45.
Xuanzang, moine 70, *71*.
Xunzi 60, 62.

Y

Yan, principauté 61.
Yan Hui, disciple de Confucius 21, 54.
Yang (« masculin ») 65.
Yangzi, fleuve 55, 79.
Yi (« sens du juste ») *48*, 49.
Yijing (« Livre des Mutations ») 20, 78, *80*.
Yin (« féminin ») 65.
Yongzheng, empereur Qing 87, *87*.
Yuan, dynastie 81.
Yue (« musique ») 13, 16, *16*, 31, *39*, 44, *44*, *90*, *95*.
Yuejing (« Livre de la Musique ») 20, *80*.

Z

Zhang Xuecheng 88.
Zhang Zai 78.
Zhao, principauté 61.
Zhejiang, province 86.
Zheng, principauté 40, 55.
Zhengming (« rectification des noms ») 52.
Zhong (« loyauté ») *48*, 49, 65.
Zhongdu, ville 34.
Zhongyong (« milieu juste et constant ») 50, *51*.
Zhongyong (« L'Invariable Milieu ») 66, 80.
Zhou, dynastie 16, *16*, 17, 31, 48, 52, 55, 61, 64, 67, 90.
Zhou Dunyi 78.
Zhu Xi 80, *80*, 81, 88.
Zhuangzi 58, 59, 60.
Zigong, disciple de Confucius 21, *39*, 41.
Zilu, disciple de Confucius *20*, 21, *35*, 54.
Zisi *voir* Kong Ji.

CRÉDITS PHOTOGRAPHIQUES

AFP/STF-Zou, Paris Qing 95. AFP-STR 92h. AKG/Werner Forman 23, 46-47b. AKG/François Guénet 18-19h, 84. AKG/Suzanne Held, Paris 28, 79, 89. AKG/Laurent Lecat 67d. Bibliothèque nationale de France, Paris 61b, 68-69h, 74. Bridgeman-Giraudon, Paris 22, 56, 61h, 75. Bridgeman-Giraudon/Bonora 86. Bridgeman-Giraudon/J.-C. Charmet 63. Bridgeman-Giraudon/Lauros 26. Corbis/Archivo Iconografico, S.A. 100. Corbis/Asian Art and Archeology, Inc., Paris 44-45h, 46, 58, 65. Corbis/Bettman 91. Corbis/Pierre Colombel 81. Corbis/Lowell Georgia 96. Corbis/Dallas and John Heaton 82. Corbis/Francis G. Mayer 13. Corbis/Royal Ontario Museum 17h, 18b. Corbis/Keren Su 60. Corbis/Underwood and Underwood 90-91h. Dagli Orti, Paris 68. Direction du patrimoine, Qufu 25, 42. D.R. 2e plat, 14, 16, 24, 28-29h, 36-39, 51b, 59, 70, 83. Archives Gallimard, Paris 15b, 34, 97. Gamma/Sixuan, Paris 50. Magnum/Hiroji Kubota, Paris 94. Magnum/Erich Lessing, Paris 62-63b, 88. Magnum/Lise Sarfati 12. Maxppp/Imaginechina, Paris 32h, 92b. Musée provincial du Shandong, Jinan 57, 80-81b. Museum of Fine Arts/Denman Waldo Ross Collection, Boston 73d. National Palace Museum, Taipei 76-77. Photos12.com 66. Picture Desk/Art Archive, Londres 53. Rapho/Roland et Sabrina Michaud, Paris 1, 2-3, 4-5, 6-7, 8-9, 11, 15h, 20-21b, 30-31, 40, 45, 72-73, 78h, 78b, 80, 85, 93, 109. RMN, Paris 16-17b, 41. RMN/Gérard Blot 67g. RMN/Richard Lambert 64-65h. RMN/Thierry Ollivier 34-35, 76h, 76b. RMN/Ravaux 71. RMN/Michel Urtado 86-87b. Rue des Archives/The Granger Collection (NYC), Paris 1er plat, 32-33b, 55, 107. Ye Xin/Éditions Gallimard, Paris dos, 21h, 27, 43, 44, 47, 48-49, 51h, 52, 54.

REMERCIEMENTS

L'auteur remercie toute l'équipe de Découvertes Gallimard, Jean-Paul Desroches et Catherine Delacour du musée Guimet, Vincent Goossaert du CNRS, Anne Cheng pour ses traductions et Ye Xin pour ses calligraphies.
L'éditeur remercie à son tour Jean-Paul Desroches, Catherine Delacour et Ye Xin, ainsi que Marie-Claude Bianchini et Caroline de Lambertye de la Réunion des musées nationaux, Dominique Fayolle et Jérôme Ghesquière des archives photographiques du musée Guimet.

ÉDITION ET FABRICATION

DÉCOUVERTES GALLIMARD
COLLECTION CONÇUE PAR Pierre Marchand.
DIRECTION Élisabeth de Farcy.
COORDINATION ÉDITORIALE Anne Lemaire.
GRAPHISME Alain Gouessant.
COORDINATION ICONOGRAPHIQUE Isabelle de Latour.
SUIVI DE PRODUCTION Fabienne Brifault.
SUIVI DE PARTENARIAT Madeleine Gonçalves.
PRESSE Flora Joly et Pierre Gestède.

CONFUCIUS, DES MOTS EN ACTION
ÉDITION Charlotte Ecorcheville.
MAQUETTE ET MONTAGE Vincent Lever.
ICONOGRAPHIE Any-Claude Médioni.
LECTURE-CORRECTION Pierre Granet et Brigitte Mugel.
PHOTOGRAVURE Turquoise.

Archiviste-paléographe, docteur en études extrême-orientales (Paris VII), ancienne élève étrangère de l'université de Tokyo (département d'archéologie), Danielle Elisseeff est actuellement chercheur à l'EHESS et chargée du cours d'histoire générale de l'art (Chine/Japon) à l'École du Louvre. Elle a publié de nombreux ouvrages sur la Chine et l'Extrême-Orient, dont *Les Arts de l'Extrême-Orient*, (Que sais-je ?, 2003), *Histoire du Japon : entre Chine et Pacifique* (Le Rocher, 2001), *Histoire de la Chine : les racines du présent* (Le Rocher, 1997), *La Femme au temps des empereurs de Chine* (Le Livre de Poche, 1990), *Moi Arcade, interprète chinois du Roi Soleil* (Arthaud, 1985), *Nicolas Fréret. Réflexions d'un humaniste du XVIII*e *siècle sur la Chine* (Collège de France/Institut des hautes études chinoises, 1978) ; et en collaboration avec son mari, Vadime Elisseeff, *La Civilisation de la Chine classique* (Arthaud, 1979), *La Civilisation japonaise* (Arthaud, 1974).

Dépôt légal : octobre 2003
Numéro d'édition : 123475
ISBN Gallimard : 2-07-042994-6
ISBN RMN : 2-7118-4722-5
Imprimé en France par IME
Numéro d'impression : 17131